O desejo envelhece?

ANA CAROLINA DE OLIVEIRA COSTA

O DESEJO ENVELHECE?

MinhaEditora

Copyright © 2012 Editora Manole Ltda., por meio de contrato de coedição com a autora.

Minha Editora é um selo editorial Manole.

Projeto gráfico: Departamento Editorial da Editora Manole.
Capa: Departamento de Arte da Editora Manole.
Quadro utilizado na capa: Ana Carolina de Oliveira Costa.
Fotografia do quadro utilizado na capa: Renato Prado.

Dados Internacionais de Catalogação na Publicação (CIP)
(Câmara Brasileira do Livro, SP, Brasil)

Costa, Ana Carolina de Oliveira
O desejo envelhece? / Ana Carolina de Oliveira Costa. – Barueri, SP : Minha Editora, 2012.

Bibliografia.
ISBN 978-85-7868-027-5

1. Comportamento sexual 2. Desejo sexual 3. Envelhecimento (Aspectos psicológicos)
4. Intimidade (Psicologia) 5. Pessoas de meia-idade 6. Sexo (Psicologia) I. Título.

12-01054   CDD-155.66

Índices para catálogo sistemático:
1. Terceira idade : Sexualidade, mitos e realidade : Psicologia 155.66

Todos os direitos reservados à Editora Manole.
Nenhuma parte deste livro poderá ser reproduzida, por qualquer processo, sem a permissão expressa dos editores. É proibida a reprodução por xerox.

A Editora Manole é filiada à ABDR – Associação Brasileira de Direitos Reprográficos.

1ª Edição – 2012

Editora Manole Ltda.
Av. Ceci, 672 – Tamboré
06460-120 – Barueri – SP – Brasil
Tel.: (11) 4196-6000 – Fax: (11) 4196-6021

www.manole.com.br | info@manole.com.br

Impresso no Brasil | *Printed in Brazil*

Este livro contempla as regras do Acordo Ortográfico da Língua Portuguesa de 1990, que entrou em vigor no Brasil em 2009.

São de responsabilidade da autora as informações contidas nesta obra.

SUMÁRIO

Apresentação. VII

Prefácio IX

Introdução XV

Capítulo I – Desenvolvimento adulto e processo de
envelhecimento 1

Capítulo II – As crenças sobre o envelhecimento 15

Capítulo III – Sexualidade: contextos e
desenvolvimentos 27

Indicações sobre a história da sexualidade
e do casamento .28

O século XX. 38

Casamentos com satisfação conjugal 40

Casamento ao longo do ciclo vital 45

Capítulo IV – Fragmentos clínicos e seus possíveis
  significados 51

  Concepção de envelhecimento 55

  Perdas e ganhos .57

  E depois de amanhã? 64

  Valores transmitidos pela família sobre a sexualidade:

  algumas diferenças de gênero. 69

  O masculino e o feminino nos relacionamentos 91

Algumas considerações 101

Referências bibliográficas 107

APRESENTAÇÃO

Ao longo de minha trajetória profissional, poucas pessoas tiveram uma expressão tão importante como Ana Carolina Costa. Explico: desde que nos conhecemos, seguir a brilhante transformação desta jovem, não obstante, madura psicóloga que soube buscar seus desejos e conquistar seu lugar de reconhecimento no meio terapêutico, tem sido um prazer incomensurável. Acompanhar Ana Carolina na prática clínica e no seu dia a dia, seja como supervisora, amiga ou colega de trabalho, me emociona, instiga e, por que não dizer, inspira. Tal qual as cores de seus quadros (lembro que autora também é artista plástica, tem inquietações provocadas pela arte), ela encontra na atividade clínica um espaço onde seus horizontes estão sempre em transformação. Nele, a escuta terapêutica e o psicodrama também fazem juntos um novo campo de atuação na compreensão das dores dos que padecem de angústias e sofrimentos.

Os estudos de Ana Carolina sobre as inquietações do envelhecer culminaram nesta expressiva obra baseada em sua dissertação de mestrado. A autora dedica-se ao estudo do tema há pelo menos uma década e suas análises e relatos contribuem significativamente com aqueles interessados em tais questões.

Ana Carolina nos instiga a pensar, basicamente, se o desejo envelhece. Ao olharmos os seus grupos terapêuticos e a amplitude de seus trabalhos, podemos nos dar conta de sua capacidade de trazer à tona diferentes olhares e novas cores diante das questões envolvidas na sexualidade do idoso. Carol (como carinhosamente a chamamos) desnuda, expõe, com traço de mestre, a permissão dada aos seus pacientes de ressignificar suas histórias de vida agora na maturidade. Seu texto fluente e bem escrito cativa o leitor, direta ou indiretamente interessado na temática, que, afinal, diz respeito a todos nós...

Dorli Kamkhagi
Mestre e Doutora em Psicologia Clínica pela Pontifícia Universidade Católica de São Paulo. Coordenadora de Grupos do LIM-27 e Colaboradora do Programa de Psicogeriatria do Instituto de Psiquiatria do Hospital das Clínicas da Faculdade de Medicina da Universidade de São Paulo.

PREFÁCIO

O século XX foi marcado por grande progresso tecnológico, mudanças políticas e sociais, mas também vivenciamos novas expectativas e possibilidades nos relacionamentos interpessoais. *O desejo envelhece?* traz uma contribuição inteligente para compreendermos o impacto das mudanças na subjetividade e nos relacionamentos íntimos à medida que envereda pela discussão da intersecção entre envelhecimento, sexualidade e relacionamento amoroso e conjugal, aspectos da vida fundamentais para os indivíduos, mas cujos valores associados estão longe da estabilidade, ao mesmo tempo limitadora e confortável, de um passado não muito remoto.

A posição da mulher na sociedade, e no relacionamento conjugal, modificou-se significativamente sobretudo na última metade do século XX. Sua entrada, cada vez mais intensa no mercado de trabalho, permitiu o questionamento da posição inferior que ocupava na sociedade, ao mesmo tempo em que desestabilizou o equilíbrio conjugal rígido entre as posições complementares homem-provedor e mulher-dona-de-casa, tornando as demandas de satisfação conjugal e sexual temas de conflito interpessoal.

No domínio da vida sexual, a intersecção tecnologia e subjetividade é marcante. Primeiramente, em meados do século XX, a pílula anticoncepcional liberou a sexualidade feminina dos domínios da maternidade, um método muito mais efetivo de conduzir seu desejo. A virgindade como passaporte para o casamento das mulheres sérias foi sendo questionada e "caindo em desuso"; os valores borraram-se. Algumas décadas depois, "a pílula azul" possibilitou aos homens um maior controle dos limites de seu envelhecimento sexual. Mas tudo isso foi e é possível a todos?

Os cientistas destacam a importância da sexualidade para a qualidade da vida. A vida sexual ativa e a qualidade da vida sexual também são de grande interesse para a população em geral, vide o número de matérias de revistas que sempre lotam as bancas de jornal. No entanto, muitos dos valores veiculados acerca da vida sexual estão associados à juventude e à beleza.

Longe de ser o país de jovens do passado, atualmente, o Brasil está em franco envelhecimento. Os números do Censo de 2010, produzidos pelo Instituto Brasileiro de Geografia e Estatística, indicam que, naquele ano, o país tinha 13 milhões e 800 crianças até 4 anos contra 14 milhões de pessoas acima dos 65 anos. Além disso, a expectativa de vida do brasileiro aumentou cerca de três anos somente entre 1999 e 2009. As

X

variações no território nacional são muito grandes, mas hoje é esperado que um brasileiro viva, em média, pelo menos 73,1 anos.

O envelhecimento populacional impõe novas políticas sociais e de saúde, mas traz também grandes desafios emocionais e interpessoais àqueles que estão nessa faixa etária. O que é envelhecimento? Quem é idoso? O que contribui para a qualidade de vida no envelhecimento? E, o que dizer da vida sexual nessa fase da vida?

Baseado em pesquisa realizada em nosso país e que deu origem a um mestrado no Programa de Estudos Pós-graduados em Psicologia Clínica da PUC-SP, este livro trata de todos esses temas. Ana Carolina de Oliveira Costa, que me orgulho de ter orientado, é pesquisadora sensível e criativa, tendo construído um procedimento que permitiu dar voz aos principais interessados no tema: homens e mulheres com mais de 60 anos. Seu livro convida o leitor a ouvi-los.

O desejo envelhece? apresenta conceitos teóricos relevantes como o de 'envelhecimento bem-sucedido', introduzido na psicologia por Paul B. Baltes (1939-2006), que envolve a seleção de metas e objetivos mais importantes, otimização de recursos e compensação de perdas. É importante destacar que, embora não se possa fixar um início ou idade para o envelhecimento – talvez depois do nascimento tudo seja envelhecimento, a despeito das visões mais populares de que a infância e a adolescência são períodos de progresso e apenas de aquisição –, ao longo da vida adulta, vamos gradativamente nos confrontando com a diminuição dos recursos físicos e a dependência cada vez maior dos recursos psicológicos, sociais e materiais.

As concepções sociais sobre sexualidade e envelhecimento estão sendo revistas, mas essa revisão está em processo. Quem era idoso em passado não muito longínquo, talvez seja considerado bem mais jovem, ou menos idoso, hoje. Como o próprio pai ou mãe foi idoso dificilmente será referência de comportamento para a maioria.

De fato, os valores associados à sexualidade e aos desejos masculinos e femininos, tanto quanto os valores associados ao envelhecimento e ao que são possibilidades e prerrogativas dos que envelhecem, não são únicos nem estão claros como no passado. Os valores que o indivíduo adquiriu na infância principalmente da família, embora sejam pilares de sua construção sociomoral, não são tudo o que influenciará em seu posicionamento posterior diante da vida.

O livro de Ana Carolina de Oliveira Costa descreve a construção dos valores que envolvem a sexualidade, aponta como podem ser diversos para si e para compreender o outro, expõe como a flexibilidade acerca das concepções de envelhecimento e da vida sexual é complexa, confusa e de difícil atualização.

O desejo envelhece? pode ser de interesse para múltiplos leitores: desde profissionais das áreas de saúde e ciências humanas até o público em geral, que encontrarão em suas páginas material bem fundamentado para atuar e refletir. Escrito de forma concisa e elegante, baseado nas fontes mais atuais acerca do assunto, este livro nos mostra como a pesquisa em psicolo-

XII

gia clínica pode ser conduzida de modo a ampliar as fronteiras do conhecimento, bem como fundamentar atendimentos que acolham a diversidade de demandas dos indivíduos.

Profa. Dra. Rosane Mantilla de Souza
Coordenadora do Programa de Estudos
Pós-graduados em Psicologia Clínica
Pontifícia Universidade Católica de São Paulo.

INTRODUÇÃO

O interesse em desenvolver a dissertação que deu origem a este livro surgiu a partir de experiência pessoal e, posteriormente, profissional, obtida por meio dos atendimentos clínicos. Em minha história de vida, as pessoas idosas sempre me chamaram a atenção por sua calma, sua sabedoria, seu conhecimento, sua inteligência, sua beleza, sua evolução e sua capacidade criativa. Talvez nem todos os idosos sejam como os que passaram pelo meu caminho, mas o sentimento de admiração pelos mais velhos, que cultivo há tempos, foi reafirmado pelas pessoas com as quais convivi e convivo até hoje.

Frases preconceituosas e socialmente carregadas de estigma, como "Esse aí não serve pra mais nada", "Imagina, minha mãe não tem relações sexuais há tempos", "Ah, pro meu avô, qualquer coisa serve, é só pra passar o tempo, coitado...", entre tantas outras, causam-me estranhamento, pois tive a oportunidade de estar com idosos muito ativos, com sede de saber e de viver, e, em sua maioria, na fase mais gratificante da vida, do ponto de vista tanto pessoal quanto profissional.

Desde 2002, tenho participado de grupos de psicoterapia com idosos (acima de 60 anos) no Instituto de Psiquiatria (IPq) do Hospital das Clínicas da Universidade de São Paulo, onde acompanho grupos psicoterapêuticos sobre o processo de envelhecimento. Esses atendimentos confirmam que as pessoas idosas são seres desejantes, ativos e que planejam o futuro, mesmo quando apresentam sintomas depressivos.

Durante os encontros semanais dos grupos, um dos temas que mais me chamou a atenção foi o da sexualidade e de que maneira cada um a sentia e vivia (ou não vivia). Os fragmentos das sessões sobre conflitos e desejos sexuais dos membros desses grupos abordavam questionamentos sobre a frequência e o desejo no relacionamento amoroso, as diferenças entre homens e mulheres em relação à vivência da sexualidade, a importância ou não de um parceiro para o exercício de uma vida sexual satisfatória e as atividades cotidianas que geram prazer e podem, de certa forma, suprir a ausência de vida sexual ativa.

Essa experiência clínica foi um desafio, pois fui obrigada a rever minha visão de mundo e minhas ideias acerca da sexualidade nessa fase da vida. Como começar a pensar em envelhecimento e sexualidade sendo jovem? Como ouvir e transformar questionamentos como "Você, tão jovem, trabalhando com envelhecimento? Que ideia mais estranha, que tema mais triste..."?

Esses questionamentos me auxiliaram a pensar no porquê do despertar para essa temática. Por meio de várias reflexões e

XVI

também pela análise pessoal, percebi que seria necessário explorar caminhos ainda desconhecidos. O mais curioso é que a primeira lembrança que emergiu foi o medo e a angústia de envelhecer que trazia comigo desde pequena. Assim, a aproximação com o tema, nesse momento, começou cada vez mais a fazer sentido. Pela minha memória, transitavam pensamentos como "Na melhor das hipóteses para a minha vida, vou crescer, casar, ter filhos, trabalhar, me desenvolver. Os filhos vão sair de casa e ter suas próprias vidas... E o que será de mim? O que restará? Quais serão minhas atividades e meus desejos nessa fase? Estarei com alguém? Como irei lidar com a solidão? E se eu tiver problemas financeiros?". Sei que esses pensamentos podem parecer um tanto quanto dramáticos e catastróficos para uma menina de 11 anos, mas eram a mais pura realidade na época, por incrível que pareça. Ainda bem que melhorei um pouco.

Com base nessa experiência de vida, fui "convidada" a conhecer os fantasmas do meu próprio envelhecimento, fato que certamente me auxiliou a desenvolver uma atitude empática diante das angústias dos pacientes dessa faixa etária, mesmo sendo mais jovem que eles. A emergência desses conteúdos despertou de imediato a curiosidade de investigar mais profundamente o tema para a realização da minha dissertação de mestrado, associada a uma oportunidade de trabalho clínico que surgiu em minha trajetória profissional. Tornou-se uma experiência sedutora poder enveredar por caminhos ainda tão pouco explorados pela Psicologia de modo geral.

As questões relacionadas à sexualidade no envelhecimento não poderiam ser entendidas de maneira isolada. Percebe-

-se a necessidade de outro olhar que busque compreender a complexidade desse fenômeno, principalmente em relação ao modo como os valores associados à vida sexual foram construídos ao longo do tempo e de que maneira influenciaram o presente.

Atualmente, é possível perceber um aumento significativo da população adulta. Segundo o Instituto Brasileiro de Geografia e Estatística (IBGE), o Brasil deixou de ser considerado um país "jovem". Alguns dados e projeções realizados em 2010 mostram a dimensão da transformação demográfica que estamos atravessando: de 2007 a 2050, o número de brasileiros com mais de 50 anos deve aumentar em aproximadamente 50 milhões, ao passo que a faixa total de indivíduos entre 15 e 65 anos deve aumentar somente em 27 milhões. Assim, a idade média dos brasileiros deve passar dos atuais 25 para 40 anos; uma mudança importante e que traz a necessidade de reflexão sobre o desenvolvimento adulto no ciclo vital, sobretudo no que se refere ao modo como os indivíduos vivenciam o processo de envelhecimento. Para exemplificar, consideremos que, se a imagem que se tinha de uma pessoa idosa 70 anos atrás era a de alguém em torno dos 50 anos, essa percepção parece não fazer sentido para a maioria da população atual.

Em artigo escrito na *Folha de S.Paulo*, Rosely Sayão (2010) revela que a população tem ofertado aos jovens uma visão segundo a qual o envelhecimento é desvalorizado e não pode estar em "cena", como se todos os adultos fossem jovens e o envelhecimento fosse algo que chega repentinamente, como um "susto ruim". Segundo a colunista, esse fenômeno tem se mostrado cada vez mais comum, mesmo com a expectativa de

XVIII

vida cada dia maior (fato que já vem ocorrendo nas últimas décadas). De acordo com a autora, "conviver com a terceira ou quarta geração já não é uma dádiva para poucos, e sim uma possibilidade real para muitos" (p. 12). Não temos mais como ignorar a nova realidade que se apresenta. É necessário estarmos alertas a essa questão, que, certamente, será um dos principais temas de atenção pública e privada nos anos que estão por vir. Por exemplo, a população que hoje "produz", daqui a alguns anos representará um número menor do que os "dependentes" (crianças e aposentados). Esse fato é alarmante do ponto de vista político e social, visto que cada vez mais existirá uma porcentagem considerável da população acima dos 50 anos, muito específica em termos de saúde, cuidado, aposentadoria, produção e diversas modificações de papéis de forma geral (Conselho Federal de Psicologia, 2007).

Desde 1950, vem emergindo o estudo do envelhecimento associado à Gerontologia, ciência que estuda esse processo. A Gerontologia cuida da personalidade e da conduta dos idosos, levando em conta todos os aspectos ambientais e culturais do envelhecimento, e não somente os fatores físicos (Famema, 2007). Já do ponto de vista da Psicologia, de acordo com as amostras dos grandes estudos longitudinais, a chegada à meia-idade resultou no questionamento sobre o significado dos "anos formadores" e identificou os desafios específicos dos indivíduos durante o envelhecimento, que discutiremos no Capítulo II (Papalia, 2006; Hamilton, 2002). Em contrapartida, o prolongamento do ciclo vital gerou uma ampliação da vida adulta, na qual as divisões etárias anteriores, como infância, adolescência, maturidade e velhice, passaram a ser revistas.

Os grandes manuais de desenvolvimento (Papalia, 2006; Bee e Mitchell, 1984) apresentam várias subdivisões, como adulto jovem, adulto, jovem idoso, etc., e novas subdivisões surgem constantemente. Há pouca concordância em relação aos termos, mas aumenta notavelmente o interesse pelos anos intermediários, que, correta ou incorretamente, começam a ser chamados de envelhescência.[1] Por exemplo, os meios de comunicação de massa produzem, atualmente, muitas informações que fazem referência ao tema, como o escritor Mário Prata, que já escreveu alguns textos a respeito do termo "envelhescente". Embora, nessas publicações, muitos se refiram a semelhanças com a adolescência, o processo psicológico em questão é específico.

Há vários modelos de desenvolvimento, sendo alguns mais voltados para o intrapsíquico, como a Psicanálise, com Sigmund Freud como o grande representante entre outros autores importantes que acreditavam que a personalidade do indivíduo se formava nos primeiros anos de vida, no chamado desenvolvimento psicossexual. Já outros modelos, que têm P. B. Baltes e Bronfenbrenner como dois de seus principais representantes (Papalia, 2006), estão mais voltados para uma abordagem contextual, ou seja, acreditam que o desenvolvimento

---

1 Utilizando a palavra "envelhescência" no *site* de busca Google, no ano de 2008, obtivemos 519 referências. Com a palavra "envelhescente", foram encontradas 999 referências.

do sujeito depende de uma série de fatores e é contínuo ao longo do ciclo vital. Para esta obra, a abordagem escolhida foi a contextual, com base mais especificamente em Baltes. Segundo a perspectiva desse autor, o desenvolvimento do indivíduo só pode ser entendido em seu contexto social. Baltes considera o indivíduo não como uma parte que interage constantemente com o ambiente, mas como parte inseparável dele.

Concebendo, então, o desenvolvimento ao longo de todo o ciclo vital, o autor afirma que

> [...] o desenvolvimento é um processo multidirecional e multifuncional, sendo influenciado pelo contexto histórico, abrangendo todo o curso de vida, no qual ocorre um constante desequilíbrio entre perdas e ganhos, que resulta numa variabilidade interindividual e em plasticidade individual. (Baltes, 1980, p. 80)

O desenvolvimento, portanto, é um processo vitalício influenciado por eventos normativos a cada faixa etária, relacionados à história, e também por eventos não normativos, que dependem diretamente de seus desejos (Baltes, 1987). No que se refere aos anos intermediários da vida adulta (dos 45 aos 65 anos), começa-se a perceber uma série de físicas, especialmente físicas, sociais, históricas, psicológicas e sexuais.

Um dos temas acerca do qual converge o confronto do indivíduo com seu próprio envelhecimento refere-se às mudanças quanto à sexualidade, as quais traduzem um cruzamento entre a concepção que o indivíduo traz de seu passado, do que ele tem como ideia de envelhecimento e vida sexual, e o conceito que ele deve manter e que foi preestabelecido ao longo de seu desenvolvimento. O sujeito se depara com as diferentes imagens que construiu ao longo de sua vida e essa percepção influencia seus relacionamentos e, consequentemente, sua vida sexual.

Em relação às mudanças na sexualidade, a alteração física central que ocorre na mulher diz respeito à menopausa, período no qual ela perde sua capacidade reprodutiva (sintomas como calores, secura vaginal, disfunção urinária e alterações psicológicas são comuns nessa fase); no homem, acontece, concomitantemente, a discutível andropausa, período em que sua fertilidade diminui, seu nível de testosterona é reduzido e as ereções, de forma geral, tendem a ser mais lentas e menos firmes, de modo que a maioria dos homens apresenta algum grau de disfunção erétil. D. E. Papalia (2006) considera que existe uma polêmica em torno dessa fase, na qual há uma possível diminuição do desejo sexual e consequentes mudanças associadas à relação corpo-sexualidade. No entanto, outros estudos não corroboram essa ideia (Weg, 1989) e afirmam que, apesar das perdas reprodutivas em ambos os sexos, o desejo e o prazer sexual podem continuar por toda a vida.

No domínio da vida sexual ativa e da qualidade de vida, tem-se discutido que, tendo em vista o avanço da medicina e as atitudes mais liberais das pessoas, a sexualidade ativa pode ser parte fundamental desse período. Pesquisa de B. M. King (1996) descreve que as relações sexuais diminuem gradualmente nesse período da vida e que diversas vezes as causas dessa redução não são fisiológicas, mas emocionais ou relacionadas ao estilo de vida. E. O. Laumann, A. Paik e R. C. Rosen (1999), por outro lado, argumentam que é após a menopausa e a andropausa que as pessoas se sentem mais livres para ter relações sexuais com mais prazer, já que não têm mais preocupações com a gravidez e, em geral, também têm mais tempo para se dedicar inteiramente ao seu parceiro. Além dos fatores apresentados, a maturidade faz com que as pessoas conheçam melhor seu corpo e suas necessidades, conseguindo respeitar mais o tempo do parceiro e o seu próprio tempo, permitindo-se experimentar outras formas de sexualidade além da genital, fruto da intimidade e do amadurecimento do casal (Papalia, 2006).

Diante desse panorama, é importante perceber que nem todas as pessoas têm parceiro ou parceiro fixo. À medida que se avança na faixa etária, há um fenômeno – decorrente de um desequilíbrio de gêneros – chamado de "pirâmide invertida da solidão feminina" (Paschoal, 2006), em que diminui significativamente o número de homens disponíveis para um relacionamento. Em 1999, por exemplo, para cada grupo de 100 mulheres idosas, havia 84 homens idosos; na faixa etária dos 60 aos 64 anos, a razão de sexos era de 89 homens para 100 mulheres e, na faixa de 80 ou mais, essa mesma razão passava para 68 homens para 100 mulheres (IBGE, 2007).

As possibilidades restringem-se ainda mais no caso das mulheres heterossexuais, pois, além de haver homens em menor número, aqueles que se separam não permanecem sozinhos por muito tempo, casando-se novamente ou mantendo relacionamento fixo de forma rápida. Outro fato que contribui para a falta de parceiro sexual para a mulher na velhice é a concorrência não só de mulheres da mesma idade, mas também de mulheres mais jovens.

As mulheres, em sua maioria, tendem a escolher parceiros da mesma idade ou mais velhos, o que contribui para a permanência da falta de parceiro nessa faixa etária (Paschoal, 2006). Assim, partindo da experiência nos Grupos de Amadurecimento e da literatura (Paschoal, 2006), é possível dizer que uma das principais questões no envelhecimento, especialmente para as mulheres, é a falta de um parceiro (ou de uma parceira), o que, por muitas vezes, dificulta o exercício do ato sexual. Esses fatos não podem ser negligenciados pelos pesquisadores do tema. É importante pensar se existe ou não abertura para a busca de outras possibilidades e formas de prazer que não sejam voltadas única e exclusivamente para a genitalidade ou que dependam diretamente de um(a) parceiro(a) para ocorrer.

O bom desenvolvimento do relacionamento sexual e afetivo também sofre influência direta da autoestima de cada indivíduo, de como ele avalia sua aparência e sua atratividade. No que se refere a essa temática, os meios de comunicação de massa e os padrões atuais de beleza tendem a fazer desaparecer os sinais de envelhecimento naturais, como rugas, celulite, flacidez da pele, entre outros. Sayão, em recente artigo publicado, concorda com essa tendência e revela que a população busca ocultar os sinais do envelhecimento e que, quando não o faz, "é preciso ter um motivo muito importante para tal" (Sayão, 2007, p. 12). A autora afirma também que a busca pela eliminação dos sinais do envelhecimento, gradual e contínuo, pode auxiliar a transmissão da falsa ideia aos mais jovens de que se pode manipular e controlar a passagem do tempo ou, ainda, reforçar a crença de que a juventude é eterna. Esse fato é evidenciado pelo aumento da procura de tratamentos estéticos e cirúrgicos que têm o objetivo de manter a pele e o corpo sempre jovens, para continuar sendo objeto de desejo.

A busca pela "eterna juventude" é um movimento que cresce tanto entre as mulheres quanto entre os homens (Gullette, 1998). Para R. M. S. Macedo e I. Kublikowski, é muito difícil escapar desse ciclo, que se forma e se alimenta por meio das constantes "novidades científicas" que "reafirmam os estereótipos sociais e acabam por perpetuar a discriminação e as desigualdades na sociedade" (Macedo e Kublikowski, 2000, p.20). Assim, o significado do corpo envelhecendo passa a ser relacionado à solidão e, muitas vezes, à falta de perspectiva.

Considerando, porém, uma perspectiva de envelhecimento com qualidade (Baltes, 1987), deve-se reconhecer que esse processo pode ser vivenciado de diversas maneiras, pois, além de evidenciar uma crise, trata-se de uma grande possibilidade de reavaliação e renovação mediante novos projetos de vida. É por meio da interpretação das mudanças biológicas associadas aos fatores ambientais e socioculturais que se pode visualizar a capacidade de mudança de cada indivíduo, de como ele procederá à ressignificação de antigas verdades.

A população em especial à qual me refiro é a que viveu a juventude nos anos 1970, período em que houve uma mudança significativa nos valores vigentes, principalmente no que se refere à sexualidade ativa das mulheres. É importante, então, saber se essas pessoas atualizaram ou não os valores de sua infância e juventude às novas demandas que surgiram. Essa população, que começa agora a envelhecer, é, concomitantemente, autora e vítima do prolongamento do ciclo vital que ocorre atualmente. Ademais, esses indivíduos vêm acompanhados de valores e discussões inerciais relativas à construção do que foram desde a juventude.

O conhecimento mais aprofundado das crenças e dos valores construídos ao longo do tempo e o que isso significa para cada sujeito são questões importantes na investigação sobre as possíveis mudanças psicológicas que ele será capaz de realizar, inclusive em relação à sua própria vida sexual (González e Desfilis, 1996).

O atendimento aos Grupos de Psicoterapia com Idosos (2002 até hoje) permite a percepção de que manter uma vida sexual ativa e de qualidade significa enfrentar e desconstruir preconceitos acerca do processo de envelhecimento, sobretudo no que diz respeito à ideia de que a sexualidade ativa está estritamente relacionada à reprodução e à juventude. Com o atendimento dos grupos, percebe-se o quanto esses indivíduos têm uma perspectiva estreita em relação à vivência do relacionamento sexual, geralmente vinculada apenas ao casamento; uma visão carregada de preconceitos e valores que foram construídos ao longo do tempo. A partir dessa observação, considerou-se importante compreender a vida sexual no contexto dos valores e das crenças construídos pelo sujeito em toda a sua vida e os quais sustentam as práticas sexuais de hoje.

Com base nas particularidades descritas, é fundamental criar e desenvolver estruturas e conhecimentos que permitam a promoção de saúde para essa faixa etária. Nesse panorama, esta obra pretende contribuir para a compreensão do significado da experiência da sexualidade no processo de envelhecimento, investigando: as diferentes experiências de vida sexual e de valores associados, buscando compreender como foram

XXVI

construídos ao longo do tempo e as diferenças de gênero em relação à vivência sexual no processo de envelhecimento.

Para que essa análise seja feita de maneira ampla, o primeiro capítulo aborda o desenvolvimento adulto e o processo de envelhecimento (perspectiva psicobiológica), auxiliando na reflexão sobre a velhice como um processo que se inicia no nascimento e criando o entendimento dessa fase da vida como uma constante transformação, além de levantar questões específicas e transformações que ocorrem com o sujeito que envelhece, isto é, as mudanças físicas, biológicas, psicológicas e relacionais. Foram considerados conceitos, pesquisas e estudos, a maioria embasada em abordagens contextuais, com ênfase nos estudos de Baltes, que mostrou ser um dos autores mais estudiosos do tema.

O segundo capítulo trata especificamente das crenças relacionadas ao processo de envelhecimento e procura esclarecer como os valores e as crenças influenciam o desenvolvimento do sujeito. O terceiro capítulo, por sua vez, faz uma contextualização histórica sobre a sexualidade, para, em seguida, descrever aspectos associados à satisfação na conjugalidade e como ela se modifica ao longo do ciclo vital.

Finalmente, no último capítulo, analisam-se os resultados da pesquisa, correlacionando os conceitos teóricos com o material clínico. Após esse panorama, realiza-se breve discussão sobre o tema, tecendo as possíveis correlações entre teoria e prática, seguida das considerações finais.

CAPÍTULO I

DESENVOLVIMENTO ADULTO
E PROCESSO DE ENVELHECIMENTO

A chegada do envelhecimento deveria ser um processo natural... acho que é possível envelhecer e continuar tendo macaquinhos no sótão... (Ziraldo)

Neste capítulo, apresentam-se as mudanças regulares e esperadas para esse período do ciclo vital, isto é, as mudanças físicas, biológicas, psicológicas e relacionais. É importante conhecer esse panorama que o indivíduo vive para, posteriormente, compreender a subjetividade relacionada aos valores e crenças sobre envelhecimento e sexualidade construídos ao longo do tempo, assunto que será tratado nos Capítulos II e III.

Atualmente, em uma perspectiva contextual, os estudiosos da Psicologia do Desenvolvimento concordam que o desenvolvimento do indivíduo acontece durante todo o seu ciclo vital, esteja ele na infância, na adolescência, na idade adulta ou na velhice. Sob esse aspecto, para P. B. Baltes (1987), Lindenberger e Staudinger (1998), o avanço da idade não é necessariamente sinônimo da diminuição da capacidade de se desenvolver como pessoa, mas, ao contrário, pode ser muito produtivo se o sujeito for capaz de realizar algumas modificações em seu antigo modo de vida (Papalia, 2006). Baltes (1991), por exemplo, delimita o conceito de um envelhecimento bem-sucedido e trata de um processo adaptativo chamado de "otimização seletiva com compensação", que significa que, na fase adulta da vida, o indivíduo deverá selecionar metas e objetivos mais importantes, otimizando seus recursos para compensar as perdas que ocorram durante a vida.

A visão teórica de Baltes enfatiza as transições e trajetórias da vida, levando em consideração a sequência de eventos e decisões e suas respectivas conexões com outras trajetórias, sejam elas psicológicas, sociais, históricas ou intergeracionais, influenciadas também pelas experiências passadas e pelas expectativas futuras, com ênfase na mudança comportamental do sujeito, e não no que "se espera" de cada faixa etária. Baltes (1987) identifica quatro pilares fundamentais para a perspectiva de um desenvolvimento do ciclo vital:

- o desenvolvimento é vitalício: cada época da vida tem suas funções e especificidades as quais dependerão diretamente das experiências passadas e futuras. Não há melhor momento da vida, cada um deles tem seu valor e é incomparável a qualquer outro;
- o desenvolvimento depende da história e do contexto: cada sujeito se desenvolve em um lugar específico, com sua família e diversas pessoas ao seu redor. Esses aspectos o influenciam sempre, bem como o ambiente, que também é modificado por ele, e ambos se retroalimentam e interagem constantemente, provocando modificações;
- o desenvolvimento é multidimensional e multidirecional: durante toda a vida, perdem-se algumas coisas para se

ganhar outras. Assim, fazer escolhas que tragam equilíbrio para o desenvolvimento passa a ser muito importante. Esses movimentos se modificam ao longo da vida, dependendo da etapa do ciclo vital em que o indivíduo se encontra e do que ele prioriza em cada fase;

- o desenvolvimento é flexível ou plástico: plasticidade é a capacidade de modificação do desempenho que o indivíduo apresenta e é essencial para um bom desenvolvimento.

No que se refere aos anos intermediários da vida adulta (dos 45 aos 65 anos), é necessário buscar primeiro um panorama de eventos normativos, para, posteriormente, correlacioná-los com as circunstâncias histórico-culturais e com as experiências subjetivas de cada sujeito. Nessa fase do desenvolvimento adulto, o indivíduo começa a se deparar com mudanças psicobiológicas e psicossociais específicas que devem ser mais bem compreendidas.

Em relação ao físico, há algumas particularidades nessa fase como em outra qualquer. A maioria tem como lema "usar ou perder". As mudanças fisiológicas são frutos do envelhecimento celular associado à constituição genética, mas o acúmulo de fatores comportamentais e o estilo de vida desde a infância influenciam diretamente no grau e na qualidade de vida. A expressão "a pessoa é fruto daquilo que plantou" é bastante utilizada para exemplificar esse produto e seus derivados (Papalia, 2006).

Do ponto de vista do funcionamento sensório-motor, as mudanças ainda são pequenas, graduais e quase imperceptíveis. Como exemplo, é possível mencionar aquele dia em que a pessoa percebe que não enxerga com a mesma nitidez de antes (a perda da visão "natural da idade"), entre tantas outras pequenas perdas. Alguns começam a apresentar pequena perda auditiva, em virtude da exposição a ruídos e barulho nas cidades durante muitos anos, por exemplo. É possível perceber também um início de perda gustativa, olfativa, tátil e na sensibilidade à dor, mas deve-se sempre lembrar que a variabilidade desses quadros é diretamente proporcional ao estilo de vida e às características genéticas de cada indivíduo (Papalia, 2006). Outra perda importante é a da força e coordenação, fato que pode ser explicado por um aumento do percentual de gordura e pela consequente diminuição da massa muscular, embora esse quadro também possa ser amenizado pela prática constante de exercícios físicos e de uma dieta balanceada associada a eles. Nessa idade, também a pele torna-se menos tesa e lisa e os cabelos tendem a ficar mais ralos, devido à menor taxa de substituição, e brancos, em virtude da diminuição da produção da melanina no corpo. Os indivíduos também passam a ganhar peso com mais facilidade, devido ao acúmulo de gordura no corpo e alguns podem ter a altura reduzida em razão das contrações da coluna.

A perda óssea é bastante comum, sobretudo nas mulheres, ocorrendo duas vezes mais depressa entre elas do que entre os homens. Já o funcionamento dos órgãos, em geral, não apresenta perdas significativas, mas, dependendo do caso, podem ocorrer prejuízos maiores por conta de algum quadro clínico específico. Pode-se dizer, também, que a regulação da temperatura e a imunidade tendem a diminuir e que o sono pode ser menos profundo (Papalia, 2006). Por todas essas características, o vigor físico, de maneira geral, diminui em algum grau.

Segundo D. Kamkhagi (2007), o envelhecimento deixa as pessoas mais vulneráveis a algumas doenças, pois, com o avanço dos anos, há uma diminuição natural e esperada da adaptabilidade do sistema imunológico, fato que, normalmente, aponta para uma correlação entre envelhecer e adoecer, que não deve ser levada ao "pé da letra". De acordo com Kamkhagi (2007), deve-se ser capaz de diferenciar as perdas naturais do envelhecimento da noção e do conceito de doença, o que nem sempre é tarefa simples de ser realizada. O envelhecer aumenta a probabilidade de adoecimento, mas não é sinônimo desse processo.

Outro fator importante que influencia o sujeito é o estresse, seja advindo de problemas no trabalho (sobrecarga, desemprego, entre outros), seja da variabilidade de problemas físicos, de relacionamento e psicológicos. O estresse constante pode levar a um esgotamento (síndrome de exaustão emocional/ sensação de incapacidade e perda de controle) e a forma de lidar com essas situações depende diretamente dos recursos de enfrentamento de cada indivíduo (Papalia, 2006).

A literatura esclarece que, na maior parte do tempo, o indivíduo que envelhece lida melhor com situações estressantes que o jovem, pois tende a selecionar metas objetivas e não se deixa influenciar por questões que, por qualquer motivo, não interessam a ele (Papalia, 2006). Esse fato pode ser explicado pelo conceito de Baltes (1987) sobre a otimização seletiva por compensação, uma vez que os adultos mais velhos se tornam mais flexíveis na seleção de recursos de enfrentamento e, por isso, conseguem mais facilmente otimizar o bem-estar e a qualidade de vida diante de problemas estressantes ou de difícil resolução (Papalia, 2006).

No que diz respeito às capacidades cognitivas, a inteligência chamada de cristalizada (a capacidade de recordar e de utilizar informações adquiridas ao longo da vida) tende a melhorar bastante e pode perdurar até o fim da vida, ao passo que a inteligência fluida (a capacidade de aplicar as faculdades mentais a novos problemas que exigem pouco ou nenhum conhecimento prévio) tende a diminuir com a idade, pois é determinada pela condição neurológica do sujeito (Horn e Hofer, 1992).

Nessa fase do ciclo vital, são evidentes as vantagens do ponto de vista cognitivo. Exemplo disso são as características do pensamento pós-formal, que impera nesse período e tem uma natureza que integra a lógica à intuição e à emoção, do mesmo modo que integra novos fatos e ideias ao que os indivíduos já conhecem, lidando bem com situações conflitantes. Esse tipo de pensamento leva os adultos a terem mais facilidade na resolução prática de problemas, graças ao amadurecimento das ideias e à elaboração constante de emoções ao longo dos anos (Papalia, 2006).

Já a capacidade criativa normalmente cresce com o passar dos anos, pois depende dos aspectos experienciais da inteligência cristalizada e sofre influência direta de fatores individuais, bem como das forças ambientais. Contudo, o desempenho criativo e também da inteligência (que estão interligados) deve ser constantemente "alimentado" para que o sujeito possa obter os benefícios cognitivos da maturidade. A não utilização dessas capacidades tende a ser acompanhada de um declínio cognitivo, além do neurológico já esperado (Papalia, 2006).

Embora os autores tenham formas diversas de ler o fenômeno do desenvolvimento psicossocial, a maioria dos estudos tem em comum a ideia de que é necessária a investigação da trajetória de vida do indivíduo como um todo, visto que as mudanças nos papéis e nos relacionamentos influenciam diretamente na construção contínua da identidade durante toda a vida. Tanto as modificações individuais quanto as ambientais são importantes durante esse processo, pois são interdependentes (Bee e Mitchel, 1984).

O indivíduo é levado a rever diversos conceitos de relação que estabeleceu durante sua vida. Partindo da introspecção, o sujeito repensa sua ideia de casamento, divórcio, relação com os filhos adultos, relacionamento com os pais idosos, e carreira, entre outros. A importância dessa reflexão reside no fato de que a pessoa irá reavaliar seus conceitos preestabelecidos para poder criar novos papéis e rearranjar os antigos, buscando novas possibilidades de relacionamento, como tornar-se avô, perder ou ganhar um trabalho, aposentar-se, mudar a relação com o cônjuge, etc. (Papalia, 2006; Bee e Mitchel, 1984).

A questão da transmissão de legados nessa fase da vida também é um novo arranjo fundamental: o indivíduo deseja contribuir com algo e, assim, surge a necessidade de devolver à humanidade, à família ou mesmo à natureza algo do que ele recebeu de positivo ao longo vida, oferecendo sua experiência a causas e trabalhos voluntários, realizando doações, entre outras possibilidades de contribuição à sociedade. O sujeito deseja, nesse momento da vida, em que há mais tempo livre, transmitir seu conhecimento e sua sabedoria a outras pessoas, para ter a consciência de que algo dele permaneceu no mundo (Kamkhagi, 2007).

Deve-se ressaltar que alguns papéis simplesmente são impostos ao indivíduo, como se tornar avô, fato que não foi uma decisão ou escolha do sujeito. No entanto, diante dessa nova realidade que se apresenta, ele tem a possibilidade de escolher que tipo de avô pretende ser e como desempenhará esse papel que lhe foi estabelecido.

Todos os autores revistos e já citados concordam que, nesse contexto de reavaliação da vida, um dos aspectos mais centrais dessas mudanças são os relacionamentos interpessoais. Nesse período, como em qualquer outro do desenvolvimento, a manutenção de vínculos de companheirismo, amizade e amorosos faz parte da formação da identidade da pessoa e ajuda a fortalecer sua autoestima. Uma particularidade na fase adulta é que as pessoas, normalmente, se tornam bem mais seletivas, preferem ter vínculos de qualidade, pois sentem necessidade de otimizar seu tempo, ou seja, privilegiam a qualidade, e não a quantidade.

Nesse complexo panorama dos relacionamentos interpessoais, o indivíduo faz uma reflexão sobre seu corpo, que envelhece, depara-se com uma nova imagem no espelho e busca seus limites e também suas possibilidades. A nova imagem corporal que surge nessa fase da vida incide diretamente sobre como o indivíduo se vê, ou seja, uma vez que reflete se é, nesse momento, alguém desejável ou não para o outro. Desse modo, a tomada de consciência desse novo corpo tem influência notável na forma como o sujeito vivenciará sua sexualidade. É possível verificar que há um "estranhamento" corporal, não só do ponto de vista psicológico, mas também no sentido da autoimagem. Começam a surgir questionamentos sobre como se ajustar ao novo corpo, que se modificou tão abruptamente em um período tão curto. Algumas atividades cotidianas já não podem ser exercidas da mesma maneira que antes (ritmo e intensidade), as roupas já não servem mais e não têm o mesmo caimento de outrora, o corpo fica mais lento e mais pesado. Como lidar com a nova realidade que se impõe? Como é essa adaptabilidade ao novo corpo?

Diretamente associada à percepção do corpo que envelhece, a ciência médica tende a valorizar a interrupção de qualquer sinal que indique envelhecimento, enfatizando somente os aspectos biológicos e as perdas que se sofre com o passar dos anos (Macedo e Kublikowski, 2000). A tecnologia e a medicina estética tendem a mostrar que o tempo deve ser "interrompido" no que diz respeito à pele, ao cabelo e ao corpo, aliando o significado de saúde e beleza a um modelo jovem. Assim, "os sinais de envelhecimento tornam-se estigmatizantes e transformam-se em um problema moral, pois é como se fossem resultado de um estilo de vida inadequado" (Macedo e Kublikowski, 2000).

Sobre os aspectos que influenciam a sexualidade, para as mulheres, a chegada à menopausa, marco referencial do climatério e um período longo e heterogêneo, determina a transição da fase reprodutiva para a não reprodutiva (Fleury, 2004). É definida como "a última menstruação e confirmada pela ausência do período menstrual por 12 meses consecutivos. A menopausa ocorre geralmente por volta dos 50 anos" (Fleury, 2004, p. 89-90) e é um período bastante delicado no que se refere à sexualidade, já que as mulheres perdem a fertilidade, o que pode gerar fragilidade, sentimentos de menor valia, inferioridade e até sensações de inutilidade. Também é bastante comum a perda parcial da elasticidade e da lubrificação vaginal. Diversos estudos (Ciornai, 1999; Kamkhagi, 2007; Fleury, 2004) apontam para uma diminuição do desejo sexual, muitas vezes consequência da baixa autoestima da mulher, que se sente menos atraente e não desejável, pois, em geral, as mulheres engordam nesse período. Há também um aumento da propensão a miomas, nódulos nas mamas e infecções do trato urinário, o que pode afetar a confiança e o conforto sexual, levando a uma diminuição da libido e a mudanças na pele, distúrbios do sono e insônia, irritabilidade, depressão, ansiedade, osteoporose, entre outras alterações (Bento et al., 2007).

Segundo D. R. S. Lorenzi e B. Saciloto (2006), algumas mulheres sentem a chegada da menopausa como uma perda do objetivo principal do sexo: a reprodução. Essa percepção, segundo os autores, pode afetar em grande escala o exercício da sexualidade, pois vem acompanhada de eventuais sentimentos de culpa em relação aos desejos sexuais. Esse fator também pode auxiliar na compreensão do aumento de disfunções sexuais após a menopausa, apesar de existirem vários fatores físicos que também podem contribuir para o surgimento dessas disfunções, conforme visto anteriormente. Penteado et al. (2000) corroboram essa ideia e afirmam que a ausência da menstruação pode vir associada a sentimentos carregados de diversos significados, que serão influenciados pela condição particular de cada mulher. Em contrapartida, de acordo com esses autores, também podem emergir sentimentos de alívio, pelo fato de não terem mais preocupações com a reprodução, e ainda, apreensões relacionadas ao próprio envelhecimento e às perdas consequentes desse período do ciclo vital.

Em um estudo significativo realizado por Abdo et al. (2002), com uma população de 1.271 mulheres brasileiras com mais de 18 anos, foi identificada como queixa sexual mais frequente a falta de desejo sexual, que, entre mulheres com mais de 41 anos, foi de 47% e, entre mulheres com mais de 61 anos, elevou-se para 73%, confirmando o agravamento dessa problemática no envelhecimento das mulheres.

Segundo H. J. Fleury (2004), a passagem pela menopausa, como uma parte do envelhecimento da mulher, vem associada a uma série de modificações físicas. No entanto, é consenso entre os estudiosos da área a grande influência da subjetividade da mulher na sua experiência de sexualidade nesse período da vida. De acordo com Kublikowski (2004), a percepção feminina do envelhecimento do corpo e das mudanças consequentes disso gera tristeza e fragilidade, tornando as mulheres mais ansiosas. Algumas se sentem mais cansadas, mais gordas ou têm sua libido diminuída de forma brusca. Comparativamente, o estudo de Kublikowski mostra que as mulheres apresentam uma construção do envelhecimento mais negativa que os homens.

Concomitantemente à menopausa das mulheres, os homens vivem a questionável andropausa, embora ainda não exista similaridade comprovada a um processo análogo no homem (Cairoli, 2004; Fleury, 2004). O termo andropausa, no entanto, está sendo cada vez mais utilizado para descrever um conjunto de sintomas, como perda de energia, depressão, diminuição da libido e disfunção erétil em algum grau, que ocorre naturalmente no homem que envelhece, principalmente após os 50 anos de idade, quando há uma diminuição gradual no nível de testosterona. A definição do termo andropausa, bem como a menopausa, traduz a existência de uma deficiência hormonal secundária a uma falência gonadal, tendo sido comprovada a relação direta entre o processo de envelhecimento do homem e a diminuição gradual da produção androgênica. Apesar de esse processo ocorrer há décadas, apenas recentemente foi despertado o interesse maior por estudos na área do envelhecimento masculino e suas alterações no comportamento sexual, que podem ser chamados, segundo Fleury (2004) e Cairoli (2004), de climatério masculino, andropausa ou, mais corretamente, segundo urologistas, Adam (*androgen decline in the aging male*) ou, em português, Daem (deficiência androgênica no envelhecimento masculino).

O conceito de andropausa é bastante criticado e questionado por ser biologicamente equivocado e clinicamente inapropriado. No entanto, transmite bem a ideia de que existem modificações emocionais e físicas que, embora estejam correlacionadas com o processo de envelhecimento esperado, são também acompanhadas por alterações hormonais bastante importantes. O equívoco do conceito é que, na mulher, invariavelmente, o ciclo de reprodução acaba com a falência ovariana (menopausa), ao passo que no homem esse processo não termina, apenas diminui a capacidade reprodutiva.

As mudanças naturais fisiológicas que ocorrem nos homens com o envelhecimento são: o aumento do tempo necessário para obter uma ereção (que necessita de estímulos maiores para ser mantida), a diminuição do número de ereções noturnas involuntárias, o aumento do período refratário e o retardo da ejaculação, além de uma diminuição na quantidade de esperma, embora os homens continuem capazes de produzi-lo até os 100 anos de idade. Ocorre diminuição do líquido pré-ejaculatório e há aumento natural do tamanho da próstata, mas sem influência direta na quantidade e/ou na qualidade da atividade sexual.

Os homens sexualmente ativos apresentam nível ligeiramente elevado de testosterona em relação aos sexualmente não ativos (mas os sexualmente ativos aos 60 anos também o foram aos 20 anos, em geral). Entretanto, a despeito da manutenção de níveis normais de hormônios sexuais, a atividade sexual diminui em quantidade com o passar dos anos (Bento et al., 2007; Kamkhagi, 2007; Aleotti, 2004).

O estudo de Abdo et al. (2002) com uma população de 1.296 homens com mais de 18 anos identificou a disfunção erétil como a queixa sexual mais evidente, atingindo 40,6% dos homens com menos de 40 anos, 44,2% entre 40 e 49 anos, 54,9% entre 50 e 59 anos, 74,3% entre 60 e 69 anos e 76,5% acima de 70 anos. Os estudos revelam que o aumento da idade pode desencadear a diminuição da potência sexual no homem de diferentes maneiras, bem como o período de climatério-menopausa pode trazer mal-estar e ressecamento vaginal, podendo causar até dispaurenia, que é a presença de dor durante a relação sexual.

M. Strey (1998) apresenta a ideia de que nenhum desses dois quadros (menopausa e andropausa) justifica o desaparecimento do desejo e da capacidade de exercer a sexualidade de forma plena. Cabe perguntar, então, o que leva alguns indivíduos a manter uma vida ativa física e sexualmente e outros não. Isso remete à compreensão de como os aspectos relativos à construção da subjetividade social e individual impõem limites sobre o potencial físico, tema que será tratado no Capítulo II – *As crenças sobre o envelhecimento* –, no que se refere ao envelhecimento, e no Capítulo III – *Sexualidade: contextos e desenvolvimentos* –, em relação à sexualidade.

CAPÍTULO II

AS CRENÇAS SOBRE O ENVELHECIMENTO

Assumindo a perspectiva de desenvolvimento ao longo do ciclo vital, foram identificados os eventos normativos psicobiológicos discutidos no Capítulo I. Neste capítulo, serão tratados os eventos normativos relacionados à cultura e ao momento histórico do envelhecimento.

A experiência clínica e a revisão da literatura (descrita a seguir) indicam que a maneira como o indivíduo concebe seu envelhecimento pode afetar diretamente sua vida sexual. Assim, quando se considerar a experiência sexual de adultos e de idosos, deve-se cruzar o campo das crenças e dos valores que se referem às concepções de envelhecimento e à sexualidade. Os valores e as crenças do sujeito são construídos ao longo de sua vida, desde a infância, sendo a família o agente psicossocial que garante um sentido de pertinência e diferenciação, bem como a inserção no quadro da cultura e no grupo social, ou seja, em seu processo de socialização (Minuchin, 1990), que não se resume à simples introjeção passiva. A adolescência é um período bastante complexo nesse sentido, em razão de o indivíduo questionar os valores transmitidos pelos seus pais e pelo ambiente em geral, construindo seus próprios valores para se inserir no mundo adulto. Esses valores, no entanto, devem estar em constante revisão, principalmente por existirem em um mundo em acelerada modificação.

Assim, a compreensão do quadro de valores, segundo os quais o indivíduo organiza sua "realidade", deve ser analisada de forma complexa, sobretudo pelo seu caráter sistêmico, que envolve não apenas o contexto familiar e social próximo, mas também a influência de componentes macro, como a história, a economia, a política social e as práticas culturais, entre outros. A partir desse panorama, coloca-se em foco a produção de sentido, sendo o construcionismo social uma das perspectivas que remetem "à importância de uma epistemologia que tem a formação discursiva e o processo de significação como principais pressupostos". Propõe-se, por consequência, "que a representação é da ordem dos sentidos que o sujeito atribui, tanto no seu âmbito consciente quanto não, ao seu contexto social e cultural" (Guareschi et al., 2002, p. 12). Dessa maneira, torna-se importante questionar o que os sujeitos dizem e pensam, o modo como atuam acerca do que constitui o mundo e, de formas diversas, o próprio sujeito e seu universo particular.

As políticas de identidade buscam compreender ações coletivas e individualizadas, bem como a produção de sentidos e, consequentemente, a construção das identidades como um processo linguístico, cultural e social, que se forma a partir dessas diferenças. Buscam também compreender a complexidade da produção dos estatutos identitários e, por conta disso, dos processos de subjetivação (Guareschi et al., 2002, p. 13). A Psicologia, como produto dos novos movimentos sociais, colabora para que se modifique a noção de identidade como algo que está posto, imutável, fixo. Assim, "a construção das identidades se processa através de diferentes atravessamentos, o que implica dizer que as identidades são históricas, fluidas e não fixas. Dessa forma, diferentes sentidos são produzidos em diferentes momentos e contextos e podem ser entendidos como formas de resistência e/ou tentativas de transformação de práticas hegemônicas" (Guareschi et al., 2002, p. 14).

Atualmente, cresce o interesse pelo estudo das crenças e das concepções de suas respectivas influências no ciclo vital humano. O aumento desse interesse pode ser explicado pela investigação mais apurada do tema, que vem sendo realizada pelos principais teóricos da Psicologia do Desenvolvimento, sob a perspectiva de que o indivíduo se encontra em constante transformação até sua morte (González e Desfilis, 1996) – postura adotada nesta obra.

Muitas teorias arriscam-se a definir o conceito de envelhecimento, mas todas têm em comum a dificuldade de defini-lo com exatidão. Os conceitos de envelhecimento dependem de caráter mais biológico, social ou psicológico, e essas respostas podem variar muito. Para J. A. Rodríguez (1994), toda a população faz parte do processo de envelhecimento desde o momento de seu nascimento. A idade, para o autor, constitui um dos mecanismos básicos de que a sociedade se utiliza para realizar a distribuição de papéis e *status* aos indivíduos, muitas vezes aproveitando-se desse fato para segregar os adultos mais envelhecidos, visando a interesses econômicos e consumistas. Em virtude disso, o processo de envelhecimento acaba por delimitar as mudanças tanto individuais quanto sociais a partir do desenvolvimento natural do ciclo vital, configurando como consequência direta o duplo envelhecimento, individual e coletivo, e, entre eles, uma interação mútua, de modo que nenhum desses processos pode ser analisado separadamente (Strey, 1998).

No que se refere às concepções sobre o desenvolvimento e o envelhecimento, tanto as correntes sociológicas quanto as psicológicas se interessam por esse tipo de estudo, visto que elas também se beneficiam da compreensão mais aprofundada desse tema. A sociologia considera as "concepções normativas sobre o ciclo vital humano como um fenômeno determinado primeiramente pela estrutura social" (p. 41). Já do ponto de vista psicológico, as concepções normativas do desenvolvimento adulto são aquelas atitudes esperados para cada faixa etária e que provavelmente têm a função de estabelecer algum tipo de referência para o sujeito ao longo de seu desenvolvimento pessoal (González e Desfilis, 1996). Nesse sentido, conhecer o curso normativo das atitudes de um indivíduo ajuda a identificar se seu passado evolutivo e/ou sua história de vida estão no que é considerado "esperado ou normativo" (relógio social) ou se estão "fora do comum ou desviado" (fora do tempo), embora essas expressões possam ter diversas interpretações e coexistir na prática. Por tudo isso, as crenças e os valores dos adultos sobre o desenvolvimento psicológico no envelhecimento fazem parte de um sistema complexo de conhecimento sobre o ciclo vital e são, por si só, um objeto de estudo de grande importância (González e Desfilis, 1996). Apesar de essas crenças poderem "aprisionar" o sujeito em determinadas atitudes cristalizadas, elas o auxiliam, por outro lado, a se organizar diante do ciclo vital, promovendo o investimento em direção às metas evolutivas. Esse fato mostra o grau em que o sujeito se percebe como construtor ativo, isto é, como protagonista de sua história de vida.

Alguns estudos (McFarland et al., 1992; Krueger e Heckhausen, 1993; Rodrigo, 1994) concordam que essas crenças são mais que teorias arbitrárias e culturalmente transmitidas: elas compõem um conjunto de conhecimentos implícitos que podem influenciar psicológica e diretamente na forma de agir dos indivíduos, sobretudo daqueles que vivem o processo de envelhecimento. Esses estudos mostram que há pouca investigação acerca dessas crenças, já que os trabalhos realizados com a população jovem sobre o processo de envelhecimento apresentam apenas as expectativas otimistas e de respeito em relação aos mais velhos. Pode-se notar o mesmo resultado no trabalho de González e Desfilis (1996), que fizeram a mesma pesquisa com jovens e idosos e obtiveram resultados diferentes nas duas faixas etárias. Os jovens afirmaram que as perdas e as desvantagens no envelhecimento são sempre menores que os ganhos identificados, enquanto os idosos apontaram uma mudança gradual nas crenças dos sujeitos, em que as perdas aumentam e se tornaram mais numerosas que os ganhos. Os resultados dessa pesquisa sugerem que os adultos "esperam, à medida que avançam cronologicamente, um declínio de seu potencial para o crescimento" (González e Desfilis, 1996 p. 546).

Dessa maneira, a característica base do processo de envelhecimento não é tanto a percepção das perdas que necessariamente ocorrem, mas a angústia de se ter menos oportunidades para melhorar. O que os participantes afirmaram nesse estudo, apesar da tendência a relacionar idade avançada a declínio e falta de oportunidades, é que acreditam que o desenvolvimento humano é, de modo geral, mais progressivo que regressivo. Os estudos sugerem que, sem dúvida, os participantes concebem o envelhecimento como uma etapa qualquer do ciclo vital, que se estabelece como um processo de amadurecimento contínuo até a finitude. Com esse pressuposto, o processo de envelhecimento configura-se como uma etapa passível de muitas mudanças também, podendo os indivíduos questionar as crenças e os valores normativos, opondo-se, então, à imagem de estabilidade e segurança que a perspectiva normativa de desenvolvimento apresenta. Essa linha psicológica (que entende o desenvolvimento como um processo contínuo durante todo o ciclo vital) leva em consideração não só as crenças normativas, mas também a experiência subjetiva de cada indivíduo e seus possíveis significados (González e Desfilis, 1996).

Em todas as fases da vida, há perdas e ganhos; durante a juventude, porém, pouco se reflete a respeito das perdas e se compreende a velhice com uma atitude sempre ligada ao negativo, à decrepitude e à proximidade da morte. Esse fato leva as pessoas a darem continuidade à ideia de apresentar velhice e envelhecimento como sinônimos, alimentando, conforme J. Messy (1992), a ilusão de fortalecimento e distância de uma velhice, protegendo-se com a famosa frase de Beauvoir (1990):

"O velho é sempre o outro". De acordo com Messy (1992), a forma rígida de pensamento que limita a vida apenas ao ciclo vital a ser cumprido opõe-se drasticamente ao conceito de que o desejo e a libido estão presentes e ativos em qualquer idade. Ainda que ocorra uma mudança corporal significativa, ela não impede que a pessoa mantenha seus desejos vivos e tenha um funcionamento psíquico rico e pleno.

Para Messy (1992), bem como para Barbieri (2003), o envelhecimento e o momento em que ele se apresenta variam entre as pessoas e cada sujeito tem seu tempo específico, dependendo de sua história de vida. Para o autor, "o aparecimento do envelhecimento aconteceria por ocasião de uma ruptura brutal do equilíbrio entre perdas e ganhos" (Messy 1992, p. 22). Segundo L. Py (2006), envelhecer é um processo sofrido acompanhado de desamparo desde o dia do nascimento e se traduz "numa expressão das perdas sucessivas que acompanham a nossa existência" (Py, 2006, p. 11), sendo a mais radical delas a perda da vida, a morte.

É a partir do processo de envelhecimento e da consequente aproximação da finitude que os indivíduos podem produzir mais e viver melhor e mais livremente. A percepção do envelhecimento em uma determinada pessoa pode ser a origem de desenvolvimento da capacidade humana de criar, pensar e, consequentemente, descobrir a vida (Torres, 1999). A percepção do envelhecimento traz, além de algumas limitações e debilidades orgânicas, a grande oportunidade de se refletir sobre a existência humana e as possíveis impulsões, a fim de vislumbrar novas possibilidades de vida e novos roteiros para as personagens, na criação ou recriação de papéis (Py, 2004).

Para Messy (1992) e Py (2006), todo sujeito envelhece de acordo com o que viveu, ou seja, é no curso de cada história de vida que serão desenvolvidos conteúdos "apavorantes ou tranquilizadores" que farão parte de cada processo de envelhecimento.

Apesar das mudanças que ocorreram na época da revolução sexual, tema que será mais explorado no Capítulo III, ainda há na sociedade contemporânea crenças que dificultam a expressão de desejos no envelhecimento, o que pode impedir a vivência plena da sexualidade nessa fase da vida. A sociedade frequentemente considera que a mulher que envelhece se torna assexuada, que "aposenta" seus desejos, e que há uma perda ou morte da libido (Risman, 2005). Esse pensamento é produto de uma série de comportamentos e regras existentes desde a Antiguidade (Risman, 2005).

Pode-se perceber, a partir de estudos de A. Caridade (2005), que, em vários casos, há um abandono da sexualidade na fase de envelhecimento, pois acredita-se que ela se relaciona apenas ao corpo esteticamente belo (normalmente jovem). As pessoas, segundo Macedo e Kublikowski (2000), preferem acreditar e se apegar à ilusão de "eterna juventude" e à consequente não aceitação do envelhecimento que, claramente, serve apenas para alimentar quadros de depressão, problemas conjugais, disfunções sexuais, entre outros.

Pode-se ilustrar a ideia anterior pensando nas características mais valorizadas atualmente e que mais definem de forma positiva as pessoas (sobretudo as mulheres): ser belo, jovem e procriar. Então, quando beleza, juventude e capacidade de procriação se vão, parece restar pouco para os mais velhos diante da sociedade. Não se deve comparar a sexualidade no envelhecimento com a sexualidade exercida na juventude, pois, de fato, são períodos diferentes do ciclo vital e as mudanças também serão significativas no âmbito sexual. É necessário, contudo, pensar nessa etapa da vida sexual de forma específica e, consequentemente, buscar a aceitação de suas possibilidades, características e limitações.

Atualmente, há uma tendência dos gerontologistas em trabalhar na busca da diminuição dos preconceitos e estereótipos em relação ao envelhecimento e à sexualidade. Esse tipo de trabalho também deve ser cauteloso, pois podem surgir, a partir desse movimento, os chamados contramitos, que são imagens superotimistas, muitas vezes não correspondentes à realidade. Como exemplo disso, pode-se citar a expressão "melhor idade", que vem sendo utilizada como substituição da palavra velhice, mas que se trata de um conceito equivocado, pois supervaloriza o idoso, exacerbando os ganhos e negando as perdas.

Não podemos deixar de salientar que, de fato, ocorreram mudanças importantes na área, uma vez que, como os vários estudos mostram, a sexualidade deixou de ser vista apenas como uma forma de procriação, assumindo também um objetivo de prazer. Entretanto, na prática, os preconceitos continuam fortes, apesar de a população acima dos 50 anos ser cada vez maior e ter a capacidade física de exercer uma vida sexual ativa. Diversas pesquisas (Caridade, 2005; Fleury, 2004; Cairoli, 2004; Pellegrini Jr., 1999; Pitelli, 1997; Bruns e Almeida, 1994) confirmam a informação de que, a não ser em casos patológicos, não há obstáculos para a prática sexual até a morte.

Os órgãos sexuais, como os demais órgãos durante o processo de envelhecimento, também sofrem alguma perda com o passar dos anos, mas isso não significa, de forma alguma, que param de funcionar. Essa situação apresenta uma gama de possibilidades entre duas polaridades na vida sexual da idade madura, podendo, de um lado, ser contemplada a sexualidade negada (alvo de estereótipos e preconceitos criados ao longo da história) e, de outro, a sexualidade imposta (exagerada e otimista – contramito). A vivência sexual "escolhida" pelos indivíduos nesse leque de possibilidades depende diretamente da construção dos valores realizada pelo sujeito. Assim, nota-se que um fator importante que colabora para a manutenção do adulto que envelhece como ser assexuado está relacionado aos modelos de referência que as pessoas adquirem ao longo de suas vidas, os quais estão frequentemente baseados nos conceitos e nas expectativas estabelecidos para cada etapa do ciclo vital (Caridade, 2005).

Nesse sentido, a geração que vive hoje e envelhece a cada dia depara-se não só com seu próprio processo de envelhecimento físico e psicossocial, mas também com a necessidade de atribuir um novo sentido à vida sexual e ao prazer. Sobre a modificação desses valores, R. Aleotti (2004) esclarece que "para haver elaboração interna dos momentos de transição (da sexualidade inclusive), é necessário que haja percepção das mudanças que ocorrem ao longo da vida". Segundo a autora, o indivíduo deve ser capaz de realizar reflexões sobre as transformações que podem acontecer ao longo do ciclo vital, estando atento principalmente às mudanças corporais e relacionais, pois, com o envelhecimento, os desejos tendem a se modificar, assim como a velocidade corporal, mudando, consequentemente, o relacionamento com o outro. Por isso, o processo de amadurecimento e a constatação do envelhecimento exigem importante investimento psíquico, já que configuram uma fase de grandes mudanças em todos os sentidos, inclusive na sexualidade (Aleotti, 2004).

CAPÍTULO III

SEXUALIDADE: CONTEXTOS E DESENVOLVIMENTOS

A sexualidade sempre foi considerada um aspecto importante da vida do ser humano, não só no sentido biológico (de reprodução), mas também no sentido de busca de prazer, determinante da qualidade de vida dos indivíduos em geral. É caracterizada como multidimensional (Lorenzi e Saciloto, 2006), influenciada não apenas por fatores fisiológicos e anatômicos, mas também por outras dimensões mais subjetivas do indivíduo, como relacionamentos interpessoais, experiência de vida, cultura, ambiente e construção de valores (Fleury, 2004).

Embora a sexualidade se mostre uma temática de saúde pública, é possível identificar que a produção científica acerca do tema, quando relacionada ao envelhecimento, não é tão significativa, conforme pesquisa feita na Biblioteca Virtual de Saúde (BVS), onde foram encontradas 40 referências ao tema, das quais 16 se referiam ao problema específico deste trabalho.

O sentido da sexualidade esteve e sempre estará atrelado a um conjunto de valores e controles sexuais que sustentam a sexualidade dita "adequada" ou "inadequada". Considerando que, nos últimos 50 anos, foi caracterizado pelas sociedades ocidentais, sobretudo nas camadas médias urbanas, um processo de questionamento dos valores sexuais vigentes, é importante contextualizar a vida sexual historicamente para compreendê-la melhor na atualidade, principalmente quando se trata de indivíduos que nasceram antes da Revolução Sexual.

Ao longo da História, é possível identificar uma correlação importante entre amor, sexualidade e casamento, aliança que será tratada neste capítulo, bem como entre alguns dos processos por meio dos quais a norma social se materializa na vida amorosa e sexual dos indivíduos.

INDICAÇÕES SOBRE A HISTÓRIA DA SEXUALIDADE E DO CASAMENTO

A busca por compreender a contextualização histórica, é importante ressaltar, não diz respeito à descrição e à análise de fatos e acontecimentos, mas à identificação de aspectos desse campo que possibilitam o surgimento de padrões de subjetivação. Essas contribuições encaminham o conceito de cultura a um espaço privilegiado de transformação do ser social, bem como a respostas às mudanças sociais (Guareschi et al., 2002).

A pesquisa neste capítulo, que resume, entre outros temas, as principais questões sobre a história da sexualidade, baseia-se em três autores principais e seus textos específicos sobre o tema: Ronaldo Vainfas (1992), *Casamento, amor e desejo no ocidente cristão*; Flandrin (1983), *A vida sexual dos casais na antiga sociedade: da doutrina da Igreja à realidade dos comportamentos*; e Ariès (1985), *O amor no casamento*. Esses autores e seus respectivos artigos e livros foram escolhidos por representarem bem a história dos valores associados à sexualidade e sua relação com o casamento. Por esse mesmo motivo, atendem à necessidade do tema deste capítulo, mas é importante deixar claro que a literatura é rica nesses aspectos.

Partindo de uma contextualização histórica da sexualidade ocidental, Flandrin realiza uma análise aprofundada de alguns documentos eclesiásticos (tratados de teologia moral e manuais de confissão, entre outros), que se baseia em prescrições que, atualmente, causam estranhamento, embora sejam fundamentais para a compreensão do fenômeno da sexualidade vivido hoje.

No centro da moral cristã inicial, segundo o autor, havia grande desconfiança em relação aos prazeres da carne, pois eles obrigam o espírito a ficar prisioneiro do corpo, impedindo-o de se elevar a Deus. Nesse sentido, a sexualidade só foi concedida ao homem para fins exclusivos de reprodução e, por isso, usá-la para qualquer outra finalidade significava abusar dela.

O texto afirma que, para a sociedade na época da Pré-reforma Religiosa, a instituição familiar era a que melhor se enquadrava nos padrões da educação de filhos. Além disso, também não era permitido conceber filhos que não fossem fruto do casamento legítimo; ou seja, toda e qualquer relação sexual exterior ao casamento constituía pecado. A união sexual só era considerada legítima no casamento, quando tinha o objetivo de reprodução ou para dar ao cônjuge algo que havia sido prometido por contrato de casamento. Nesse sentido, a ideologia moral expressa pelos estoicos corroborava com as ideias pregadas pelo cristianismo, uma vez que favorecia a procriação, a propagação da espécie, como finalidade e justificativa do casamento, em oposição à união livre, de prática livre. A partir do século XIII, foi adicionado um terceiro fator que o casamento "pregava": a intenção de lutar contra um desejo culpabilizado. O casamento tornou-se, então, uma espécie de "remédio" que Deus ofereceu ao homem para evitar a impudicícia[2]. Alguns teólogos século XIII referiam que, quando um dos esposos se sentia tentado a cometer o adultério, podia utilizar-se do casamento para justificar a não realização desse desejo ou tentação. Já a partir do século XV, os teólogos julgavam que os esposos que se uniam ao cônjuge por algum tipo de prazer carnal também cometiam um pecado mortal e, portanto, passível de condenação religiosa.

No final do século XVI e início do século XVII, por meio de Thomaz Sanchez, surgiu outra problemática: os esposos que, sem intenção especial, procurassem "apenas se unir como esposos" não cometiam pecado algum, desde que naturalmente não evitassem a procriação, que ainda permanecia como o objetivo principal do ato sexual na época. Por isso, nessa etapa, já não era mais condenada a procura do prazer em algumas circunstâncias, mas, sim, a busca por "apenas prazer".

A partir do século XVI, os religiosos começaram a estimular os casais a terem quantos filhos quisessem, ao passo que, no

---

2   Falta de pudor, de moral; imoralidade, indecência.

fim da Antiguidade e começo da Idade Média, eram compelidos a deixar de ter relações sexuais assim que a descendência estivesse garantida de alguma maneira (Flandrin, 1985).

O chamado "Crime de Onan" (coito interrompido), que provavelmente era o método contraceptivo mais utilizado na época, raramente é mencionado na História até o século XIV. Apenas em meados do século XVI aparecem algumas menções a respeito desse crime, a partir do surgimento de uma nova problemática: a cumplicidade da esposa. Todos estavam cientes de que a esposa deveria cumprir alguns deveres conjugais se o marido a solicitasse. Contudo, o questionamento era se ela deveria se submeter ao ato sexual se o marido tivesse o hábito da prática do coito interrompido. Desde o século XIV, alguns religiosos perceberam a dificuldade de alguns casais em criar muitos filhos. Foi o teólogo Pierre de La Palu quem propôs, pela primeira vez, a chamada "relação contida", ou seja, sem a emissão de esperma, mas com penetração, prática que foi aceita por partidários da Igreja até o século XX. Ainda no século XVI, Pierre de Ledesma incluiu outra sugestão para a resolução desse problema: a recusa das esposas em cumprir a obrigação conjugal. Nesse momento, apareceram as noções de credor e devedor. Nos tratados de teologia moral, encontra-se sob o título de DEBITUM – o devido ou a dívida – tudo o que diz respeito à sexualidade no casamento (Áries, 1985).

Flandrin (1983) ainda relata que, fora do leito conjugal, o homem era sempre superior à mulher. Mesmo durante o ato sexual, ele era considerado o ativo, ao passo que a mulher deveria se submeter aos seus desejos, ou seja, estava sempre relacionada a um comportamento mais passivo. A mulher só era obrigada a "cumprir a obrigação" se o marido exigisse de forma explícita os seus direitos na época. Em relação ao desejo da mulher, era necessário que o homem adivinhasse, não sendo permitido que a mulher expressasse de nenhuma forma seu desejo carnal.

Segundo Áries (1985), as sociedades ocidentais envolveram as mulheres em um "recato" para o qual elas não se entregavam com a paixão provocante de uma cortesã. Os textos da Igreja obrigavam o marido a anunciar o desejo à mulher, pois ela não podia, de maneira nenhuma, confessá-lo ou reivindicar qualquer direito próprio. Assim, o conceito de recato é fundamental para a compreensão da sexualidade ocidental nesse período (Murano, 2007).

Um dos questionamentos nesse momento era a respeito do sêmen feminino, se este era necessário à geração, como defendeu Galeno, ou se era totalmente inútil, como defendia Aristóteles. Chegou-se à conclusão de que o sêmen emitido no momento do orgasmo não era necessário à concepção, mas que era muito bom para a mulher e fazia a criança nascer mais bonita. Acreditava-se que Deus tinha inventado o prazer feminino, o qual estaria correlacionado com a reprodução da espécie.

Todavia, havia um risco de minar a sexualidade pregada pela doutrina cristã da época. A partir disso, algumas questões começaram a surgir:

- A mulher era obrigada a emitir o sêmen no decurso da união carnal?
- O marido era obrigado a prolongar a cópula até a mulher emitir o sêmen?

- Os esposos deviam emitir o sêmen ao mesmo tempo?
- A esposa poderia atingir o orgasmo acariciando-se a si mesma se o marido se retirasse antes de ela ter emitido o sêmen?

Os teólogos pregavam que eram impróprios para a cópula todos os dias de jejum e de festa. Os períodos de impureza da esposa (durante a menstruação), os períodos de gravidez, os 40 dias após o parto e os períodos de aleitamento também eram impróprios. Esses conceitos em relação à continência periódica vêm se modificando desde a Antiguidade (Vainfas, 1992). A união conjugal sexual devia acontecer na posição dita "natural": a mulher deitada de costas e o homem por cima dela, reforçando a posição ativa do homem e a passiva da mulher. Qualquer outra forma de cópula era condenável, pois "ia contra" a natureza de Deus (Vainfas, 1992). No entanto, a partir do século XIV, alguns teólogos começaram a tolerar algumas posições sexuais "contranaturais", desde que o casal apresentasse boas razões para isso, por exemplo, quando o marido era gordo demais.

Com exceção de Sanchez e Francisco de Vitória, nenhum teólogo inseria a noção de amor nas discussões sobre sexualidade conjugal. Ao contrário, sempre que essa associação aparecia nos debates, era imediatamente reprovada. Tamanha hostilidade provavelmente era advinda do receio de que um amor apaixonado dos cônjuges afetasse negativamente as relações sociais e, sobretudo, os deveres para com Deus. O significado era o de buscar uma rivalidade entre o amor conjugal e o amor de Deus (Vainfas, 1992).

Noonan afirma que não se deve dar importância a essa possível associação, já que é próprio de todo o pecado mortal afastar o homem de Deus. Para ele, o que se buscaria nessas reprovações quanto ao amor excessivo entre o casal é apenas a relação entre prazer e culpa. Seguindo essa linha de raciocínio, existiam coisas das quais não se falava – o amor conjugal era uma delas; por isso, não se sabe ao certo como os casais viviam de fato sua conjugalidade. O casamento, nesse período, situava-se na intersecção de um vasto domínio público com um pequeno espaço secreto (mais secreto que privado, é importante ressaltar). Assim, o amor conjugal poderia ser um dos lugares mais secretos da sociedade antiga (Flandrin, 1983).

Essas prescrições morais revelam questões acerca da prática conjugal até o século XVIII: primeiro, elas se impõem como normas de comportamento em uma sociedade cristã e, segundo, pode-se concluir que são reflexos das mentalidades e dos comportamentos, isto é, frutos da construção da cultura na História.

Para grande parte dos historiadores, a vida sexual da maioria dos casais seguiu as normas da sociedade cristã até pelo menos meados do século XVIII ou mesmo até a Revolução Francesa. A vida sexual era considerada um "segredo", pois existiam poucos testemunhos sobre o tema, devido à grande reprovação na época. Em geral, colocava-se a problemática em termos de cristianização e descristianização.

O celibato dos padres e a cultura por meio dos livros pesou na visão dos teólogos sobre os casais e a sexualidade a partir dos séculos XVIII e XIX. Pode-se perceber isso em relação à questão do controle dos nascimentos, pois, nesse momento, surgia uma incapacidade dos clérigos em guiar os esposos em suas relações conjugais.

Para Montaigne e Brântome, era tido como normal que um homem tivesse amores fora do casamento, ideia que parece ter sido bastante difundida na nobreza até o século XVII e mesmo depois. Nesse ponto, portanto, eles não admitiam a doutrina da Igreja. Os dois autores julgavam absurda a ideia de ter com a própria mulher o mesmo comportamento que se tinha com uma amante. Nesse sentido, pensavam igual a Santo Agostinho e outros teólogos da época. Em relação a essa temática, Flandrin (1983) teve o mérito de salientar um fenômeno da história da sexualidade que permaneceu até pelo menos o século XVIII: a diferença que os homens de quase todas as sociedades e de todos os tempos observaram entre o amor no casamento e o amor e a sexualidade fora do casamento.

A ideia de duração não é moderna. Segundo Áries (1985), ela pode voltar a ser moderna: "e se o amor no casamento, distinto do outro, não se reformula nos nossos costumes em redor dessa ideia de duração, duração do fato, preferentemente à vontade de durar". A sociedade antiga tinha como ideia fundamental o culto do precedente (e o casamento era um deles, que permitia e constituía a legitimidade), mas, de maneira nenhuma, o da duração; ou seja, tudo o que tinha sido uma vez, seria para sempre, sem que a duração fosse levada em consideração.

A ideia de amor relacionado à conjugalidade começou a se expandir com o surgimento da classe média em países europeus ainda no século XIV, indo na contramão das tendências que se observavam no Ocidente, desde o ápice da cultura grega, que exaltava o amor e a paixão fora do casamento.

Foi apenas a partir do século XVIII, porém, na Europa, que o conceito de amor começou a ser visto de maneira especial e ampliado aos relacionamentos conjugais e à família. Esse fenômeno aconteceu como produto das mudanças de natureza político-econômicas, que contribuíram para a consolidação do Estado moderno, e, concomitantemente, ocorreram modificações de cunho psicossocial, que culminaram em novas condutas e novos sentimentos humanos. Esse panorama favoreceu o privilégio do sujeito em relação à comunidade, por meio da valorização da privacidade em oposição ao mundo social exterior (Áries, 1985). De qualquer forma, essas mudanças na intimidade ao longo da história fizeram o indivíduo deixar de se guiar apenas pela vigilância externa: o mundo moderno criou um novo homem, caracterizado especialmente pelo autocontrole e pela autorregulação, incorporando a ideia de uma vida individual, na qual o centro é a introspecção.

Na verdade, foi esse contexto que permitiu que a intimidade pudesse emergir e ser compreendida como é atualmente. Trata-se de uma construção histórica de valores. As escolhas individuais começaram a ser mais valorizadas que as dos outros ou do que se esperava. Lentamente, começou-se a ter um olhar mais direcionado para as emoções e os sentimentos, bem como para o diálogo entre as pessoas e a consequente valorização das próprias percepções e dos próprios sentimentos. Concomitantemente a esse processo, por volta do século XIX, as famílias começaram a ficar menores, aumentando, assim, a convivência entre os cônjuges. Nesse momento, houve também a diminuição dos direitos do homem sobre a família, uma vez que a separação entre lar e criação de filhos (domínio feminino) e local de trabalho (masculino) estava cada vez mais nítida. Por isso, a imagem de mãe e esposa veio reforçar um modelo constituído por dois sexos: o das atividades (masculino) e dos sentimentos (o feminino). Os casamentos, que até então eram realizados por interesses econômicos, e não pela atração sexual, começaram a incorporar a ideia do amor romântico, um amor que tem como fundamento o "ser amado", sendo baseado no afastamento dos próprios interesses em prol do outro.

As mulheres, de forma geral, aprenderam, como modelo principal, que o estar delas no mundo estava diretamente vinculado ao matrimônio e, principalmente, ao papel de cuidadora. Elas tinham a ideia de que esse era o único caminho possível para se viver; assim, monitorar a união conjugal era sua responsabilidade. Esse fato, muitas vezes, significava redução de seus desejos e implicava investimento constante para a manutenção do afeto e do sustento de seus respectivos maridos.

Por um lado, a sexualidade no casamento era valorizada, mas, ao mesmo tempo, os valores de fidelidade e virgindade estavam sempre relacionados às mulheres. Para os homens, era permitido um maior desejo sexual, que poderia ser realizado caso fosse um bom provedor, justificando, assim, a infidelidade. Por isso, as mulheres deveriam ser capazes de se transformar no sentido de buscar a aceitação dos desejos e das necessidades de seu marido em prol dos ideais sociais vigentes. A questão da dependência do marido fazia a maioria das mulheres se acomodar na união conjugal, alimentando a crença de que, em longo prazo, os sacrifícios pessoais realizados valeriam a pena. Nesse sentido, autonomia e desejos pessoais fora do casamento foram reprimidos ao longo da história, como se não pudessem vir à tona, como se não pudessem existir. No decorrer da vida, as mulheres foram educadas para ser submissas e dependentes do pai e, depois, do marido, e a maioria seguia esse percurso que lhes era oferecido. A união por amor, do século XIX até a primeira metade do século XX, no entanto, consolidava-se como uma relação altamente hierárquica. O casamento era o único caminho possível para definir a identidade feminina e um valor que deveria ser mantido a qualquer preço, de modo que o mínimo desvio nesse sentido era tido como anormal. Os casamentos eram compostos por papeis rígidos e nem sempre levavam em consideração a individualidade, os anseios, as necessidades, os projetos pessoais e a realidade dos parceiros envolvidos (Norgren, 2002).

O SÉCULO XX

A partir da segunda metade do século XX, começaram a emergir diversos questionamentos sobre os elementos que sustentavam a ideia do amor romântico: valores como o respeito à intimidade, a estabilidade no casamento, a família nuclear como base para o adequado desenvolvimento social, a repressão sexual, a desigualdade entre mulheres e homens na vivência sexual, entre outros. A divisão de tarefas no casamento, a partir da entrada da mulher no mercado de trabalho, também foi um aspecto que teve como resultado a diminuição da hierarquia dentro da família, pois houve um questionamento das relações de poder estabelecidas na Antiguidade (Hime, 2004).

Até a década de 1950, o modelo de relacionamento conjugal predominante era aquele em que a escolha do parceiro era realizada pela paixão, que vislumbrava um projeto conjugal atemporal. Atualmente, os relacionamentos amorosos não envolvem apenas o parceiro do sexo oposto e também tentam buscar uma resolução para a árdua tarefa de conciliar o projeto conjugal com a satisfação pessoal de cada indivíduo. Essas transformações culturais, políticas e sociais influenciaram diretamente a vida sexual dos indivíduos, já que modificaram também sua forma de se relacionar consigo mesmo e, consequentemente, com o outro. Para que a transformação na área da sexualidade pudesse ocorrer, dois grandes eventos foram fundamentais: a chamada revolução sexual e, concomitantemente, a emancipação feminina.

A liberação sexual da década de 1970 levantou o questionamento acerca do duplo padrão de sexualidade. As mulheres enfrentaram as expectativas sociais de se manterem castas para o casamento e lutaram pelo prazer sexual, que, posteriormente, se tornou uma questão da conjugalidade, e o casamento passou a ser uma união composta por escolhas mais livres, não mais pautadas nas ideias de indissolubilidade de antigamente. Com a emancipação feminina, passou a ser cada vez mais importante para as mulheres poder estudar, ter uma carreira e colaborar de forma ativa no orçamento doméstico.

Foi por meio desses eventos que a sexualidade pôde começar a ser revista, possibilitando a visibilidade da diversidade de subjetividades e diversas formas de relacionamento (Giddens, 1993), já que a satisfação afetiva e sexual de ambos se tornou componente fundamental para a continuidade de uma relação.

CASAMENTOS COM SATISFAÇÃO CONJUGAL

Considerando que a realização do prazer sexual se tornou um ideal das camadas médias urbanas atuais, é importante analisar como os indivíduos que viveram segundo quadros de valores das décadas de 1960 e 1970 atualizaram ou não suas crenças sobre sexualidade/casamento. Nesse sentido, o estudo de K. B. Hackstaff (1999) é interessante, uma vez que apresenta uma pesquisa aprofundada sobre a lógica das relações conjugais e suas consequentes transformações por meio de uma análise comparativa entre dois grupos de casais norte-americanos: os que se casaram na década de 1950 e os que se casaram em 1970. Sua pesquisa mostrou duas "culturas", dois grandes blocos de crenças, símbolos e práticas, relacionadas a condições materiais, que reforçam o casamento ou o divórcio.

A cultura que cercava o casamento, que caracterizou quase todas as uniões até pouco tempo, delimitava-o como algo obrigatório, como única possibilidade, que era para ser eterno, sendo o divórcio o último dos recursos. Desde que a cultura do divórcio se instalou, porém, a partir de 1970, é possível observar que foi um divisor de águas do casamento, visto que mostra o casamento como uma opção – o casamento é uma contingência e o divórcio é um caminho para a busca de uma união mais satisfatória.

A manutenção de um bom casamento surgiu nessa pesquisa como uma tarefa das esposas na década de 1950, enquanto um novo conceito de "ética do trabalho conjugal" se tornou um fator mais importante para os casais da década de 1970. Esses casais, provavelmente, desenvolveram maneiras de conciliar o desejo de um casamento duradouro e gratificante com a crença na contingência, já que esta sofreu mudanças importantes a partir do contexto social-histórico vigente.

Nesse sentido, vários autores estudam as expectativas e os conflitos individuais, conjugais e familiares que envolvem essa complexa compreensão da cultura do casamento *versus* a cultura do divórcio (Souza e Ramires, 2006; Maciel Jr., 1999; Meirelles, 2001; Norgren, 2002; Féres-Carneiro, 1987). Os autores apontam que, atualmente, há dificuldade e ambiguidade em relação às expectativas conjugais, sobretudo no que diz respeito às questões cotidianas que envolvem, de alguma forma, conceitos de tradicionalismo e hierarquia/igualdade.

Para a maioria dos ocidentais, hoje, só a duração não é suficiente. Busca-se também, e principalmente, uma relação conjugal satisfatória. É preciso lembrar que a satisfação na conjugalidade é subjetiva, pois cada sujeito tem desejos e necessidades particulares, e que como o outro irá corresponder a essas expectativas também é um fator de análise da satisfação no casamento.

A satisfação conjugal é um conceito bastante complexo, que pode variar conforme a cultura vigente e o momento histórico. No trabalho de M. B. P. Norgren (2002), que estudou casamentos de longa duração (mais de 20 anos) no Brasil, a sexualidade tem um lugar de importância nessa satisfação. A satisfação na conjugalidade é subjetiva e implica satisfazer os desejos e as necessidades de cada cônjuge, bem como buscar corresponder, de alguma maneira, ao que o outro espera, sempre visando à reciprocidade na relação. Ela também é caracterizada por sentimentos de bem-estar, afeto, segurança e companheirismo, entre outros aspectos que estão relacionados à construção da intimidade.

Na tentativa de entender os processos e as variáveis que colaboram para que as uniões duradouras sejam satisfatórias, Norgren e R. M. Souza (2004) realizaram um trabalho com casais paulistas, como parte de um estudo maior que investiga a satisfação conjugal em países ocidentais (Estados Unidos, Suécia, Alemanha, Holanda, Canadá, África do Sul, Israel e Chile), e os resultados obtidos foram bastante parecidos aos do estudo multicultural mais abrangente.

Por meio dessa pesquisa, observou-se que o casamento satisfatório é um processo que exige constantes construção e transformação. Esse percurso deve ser realizado conjuntamente para que continue satisfatório ao longo do tempo. É necessário investir no relacionamento, empenhando-se para que ele seja satisfatório para os envolvidos, buscando encontrar equilíbrio entre conjugalidade e individualidade, compartilhando interesses e relacionamento afetivo-sexual de qualidade, tentando evitar o tédio e a repetição.

Para que os casamentos de longa duração sejam satisfatórios, foram identificadas algumas variáveis fundamentais: consenso, padrões positivos de resolução de conflito, qualidade na comunicação e flexibilidade. Essas variáveis podem ser aperfeiçoadas ou adquiridas, melhorando a qualidade de vida individual e conjugal. Além desses aspectos que colaboram para a satisfação no casamento, variáveis como religião, apoios comunitários e *status* econômico também foram apontadas como fatores que podem interferir na qualidade do relacionamento conjugal. Isso indica que o casamento é um sistema aberto e, por isso, comunicante e dependente do exterior, não sendo influenciado somente por variáveis intrapsíquicas ou interpessoais. Ainda nesse mesmo trabalho, os autores constataram que indivíduos casados há muito tempo e satisfeitos com sua conjugalidade têm valores, objetivos e modo de encarar a vida semelhante, o que também é construído. As pessoas também estão conectadas às questões atuais de seu relacionamento, buscando alternativas para evitar a rotina e manter o desenvolvimento, mostrando que a união conjugal continua a se transformar. Isto é, a conjugalidade satisfatória não é o fruto de uma escolha certa, mas de um processo de construção conjunta.

Na mesma direção, M. F. Araújo (1999), em uma grande pesquisa realizada no Brasil sobre sexualidade e casamento, observou que a ideia do amor romântico ainda persiste na imaginação das pessoas em geral, uma vez que elas ainda buscam amor e paixão nos relacionamentos. Apesar desses resultados, o amor-conjugal, aquele baseado na amizade e no companheirismo, no cotidiano, mostra-se bastante fortificado quando comparado ao amor-paixão, aquele que é esperado e idealizado. Os participantes apontam que o casamento não é um lugar perfeito, mas um espaço onde existem conflitos e dificuldades a serem resolvidos, e que não existe um casamento ideal, havendo a necessidade de que cada um faça um investimento a fim de procurar uma comunicação adequada, respeito e tolerância, para que as vantagens do casamento possam ser usufruídas, como crescimento pessoal, realização afetiva e sexual, entre outras. A autora chegou à conclusão, por meio de sua pesquisa, de que a vida sexual no casamento é importante, mas não é um fator tão fundamental quanto o amor, o companheirismo ou a amizade. Observou também que a maneira como a população brasileira vive a sexualidade é bem mais conservadora na prática que a imagem hipersexualizada que a mídia geralmente apresenta.

A autora observou em seu estudo que a repressão sexual era uma característica comum e importante nos participantes. A maioria das mulheres descobriu a vida sexual no casamento, assim como os homens tiveram a primeira experiência afetivo--sexual no casamento também. Os casais entrevistados, em sua maioria, conseguiram, por meio do casamento e das consequentes intimidade e proximidade, resolver suas repressões sexuais e construir uma vida sexual mais satisfatória e livre.

É nesse panorama "complexo", repleto de ambiguidades e conflitos, que a conjugalidade atual se encontra. Esse fato, muitas vezes, causa angústia e confusão, já que não há apenas uma única e definida possibilidade de relação a ser seguida, e sim múltiplos modelos, sem a noção de certo ou errado. Isso é melhor no sentido de dar mais liberdade aos casais, que podem construir cada um o seu modelo de relação. Em contrapartida, é complicado e pode gerar angústia e sensação de se sentir "perdido", já que se pode tudo e fica cada vez mais difícil adaptar esse "tudo" a cada parceiro que se encontra na vida (Norgren, 2002). No casamento por amor, as expectativas são um grande leque: felicidade, satisfação sexual, paixão eterna, amizade, fidelidade, ajuda mútua, autorrealização, companheirismo, constituir família, segurança emocional e financeira, entre tantas outras coisas que se espera da conjugalidade.

CASAMENTO AO LONGO DO CICLO VITAL

É importante ressaltar que o casamento toma grande parte da vida adulta do sujeito, que, fatalmente, sofre vários momentos de crise. Em consequência, há o questionamento e a necessidade de repensar o modelo de relação que se está vivendo. Para a compreensão de tantos ajustes individuais e relacionais, é preciso estar atento às mudanças e às demandas do ciclo desenvolvimental do indivíduo ao longo de seu envelhecimento. Nos primeiros anos de casamento, o casal passa por diversas mudanças: deixa de ser apenas um para se tornar uma parceria; começa a se diferenciar de sua família de origem, negociando uma relação diferente com pais, irmãos, parentes e amigos; e busca a inclusão de seu cônjuge na sua família de origem e constituir sua própria família, com sua identidade particular (Norgren e Souza, 2004). As lealdades e as fidelidades também devem se modificar, pois o compromisso prioritário passa a ser com o cônjuge. O casal deve ser capaz de se adaptar quando as circunstâncias familiares mudam, preservando suas funções específicas, vitais para o funcionamento familiar, bem como desenvolvendo padrões em que cada um apoie o funcionamento do outro em diversas áreas, estabelecendo uma interdependência mútua (Minuchin, 1990). Nessas modificações, cada um é acrescido pelo outro, os ideais individuais passam a ser compartilhados e o casal deve construir um projeto comum, que dê sentido à vida, possibilitando a inclusão do projeto pessoal de ambos ou pelo menos o diálogo entre essas partes. Esse projeto de vida em comum vai se desdobrando, tendo de se ajustar à realidade do dia a dia (Norgren e Souza, 2004).

O relacionamento conjugal não é igual ao longo da vida do casal, mas se transforma a partir das mudanças pessoais e familiares e das crises. Essas mudanças requerem ajustes de cada um dos envolvidos, que são específicos aos diversos estágios da vida do indivíduo inserido em seu contexto familiar. Vários aspectos interferem no casamento ao longo do tempo: as próprias necessidades do desenvolvimento individual e familiar, que surgem como recurso ou como fonte de estresse; as características da própria relação conjugal; as características pessoais de cada um dos cônjuges; e os recursos do casal no enfrentamento de conflitos e crises (Norgren e Souza, 2004). A partir do momento em que o casal tem filhos, ocorrem mudanças importantes na relação. Os cônjuges serão obrigados a reorganizar seu estilo de vida e a construir o papel de cuidadores. As crianças menores demandam atenção e trabalho, alterando a dinâmica ocupacional de um ou dos dois cuidadores. Na maioria das vezes, quem acaba abrindo mão de seu projeto pessoal são as mulheres, que, por causa disso, ficam ressentidas com seus respectivos cônjuges. Associado a essa questão, o casal não tem mais tanto tempo livre para si, pois a atenção é compartilhada com o cuidado dos filhos, ou seja, não podem mais depender apenas um do outro (Carter e McGoldrick, 1995).

Conforme os filhos se tornam adolescentes, acenam-se mudanças no casal. Os parceiros têm a sensação de que é preciso mudar enquanto há tempo, de que precisam tentar realizar o que desejam. Por isso, podem começar a questionar aspectos pessoais, profissionais ou conjugais, chegando, muitas vezes, a renegociar seu casamento. Com uma liberdade maior, eles experimentam a função parental e, nesse momento, pode ocorrer um questionamento acerca dos motivos que os une.

Algumas mulheres tomam consciência dessa transição como uma libertação da dupla exigência da família e da carreira (Norgren e Souza, 2004). Para Carter e McGoldrick (1995):

> [...] quando os filhos saem de casa, o casal precisa renegociar o sistema conjugal como díade; desenvolver relacionamentos de igualdade com os filhos crescidos e realinhar os relacionamentos para incluir parentes por afinidade e netos, bem como lidar com a incapacidade e morte dos próprios pais.

Por conta disso, o vínculo conjugal, seja ele qual for, torna-se foco e ganha importância. A relação pode estar mais madura, estável e satisfatória que em qualquer outro momento do ciclo vital, bem como pode estar mais conflituosa e alienada. Assim, as relações que se estabeleceram ao longo do tempo, os interesses compartilhados, a fidelidade, a sexualidade, as amizades e a relação com a família ampliada passam a ser objetos de questionamento. A posição diante dessas questões geralmente são diferentes para homens e mulheres, uma vez que são influenciadas diretamente pelas expectativas socioculturais de cada parceiro, bem como pela vivência do casamento para cada um deles.

Em muitos aspectos, é preciso lembrar que a sociedade atual valoriza a mulher, em grande parte, por sua atratividade sexual. É possível observar esse fato na mídia, onde se encontram diversos exemplos de catálogos e propagandas em que a mulher ainda é vista apenas como objeto sexual – e essas mulheres são, quase sempre, jovens, de modo que envelhecer, para a mulher, pode representar mais uma perda no ciclo de vida, já que ela não se sente mais atraente do ponto de vista sexual (Norgren, 2002).

Já o homem, à medida que envelhece, ganha, por muitas vezes, atratividade sexual, por conta de sua sabedoria, seu desenvolvimento profissional, sua experiência e seu *status*. Alguns homens acabam, nessa fase da vida, utilizando o sexo como forma de exercer seu poder, para, muitas vezes, sublimar um vazio existencial decorrente da percepção do envelhecimento, negando, de certa maneira, a crise que essa fase da vida naturalmente traz. Observam-se dois movimentos diferentes nessa fase: à medida que o sujeito se depara com sua finitude, é comum realizar uma reavaliação de sua vida, e muitos sentem a necessidade e o desejo de ir em busca do tempo perdido e de sonhos que ficaram no passado e, muitas vezes, o cônjuge acaba sendo culpado dessa não realização. Já, outros sentem-se bem e completos, com a sensação de que tiveram uma vida boa, uma vez que realizaram muitos projetos.

Outro fator que aponta para a necessidade de revisão é o casamento dos próprios filhos. Ele estimula os pais a repensarem a própria conjugalidade, repensando expectativas, avaliando se estas foram atingidas ou não. A morte de pessoas próximas como pai e mãe traz à tona fragilidades, evidenciando a necessidade de buscar uma boa qualidade de vida e o desejo de estar satisfeito com seus relacionamentos.

No que diz respeito aos aspectos econômicos, a sociedade ainda considera a capacidade de prover o sustento familiar uma característica masculina. Nesse sentido, a vida profissional ainda é muito importante para os homens e, para muitos deles, pode ser conflituoso ou difícil realizar o luto desse papel. A chegada da aposentadoria pode ser vivida como libertadora, como possibilidade de desenvolvimento de outras habilidades até então desconhecidas ou reprimidas, ou encarada como grande limitação associada ao sentimento de incapacitação e inutilidade. Qualquer um dos enfrentamentos colocados terá reflexos diretos na relação conjugal.

Na velhice, o casal tende a se sentir mais unido, pois, a cada dia, um depende mais do outro. Os cônjuges recordam uma vida juntos (família, amigos, sonhos, experiências) e realizam uma reflexão acerca dos projetos que fizeram e dos que ficaram para trás. Muitas pessoas, ao se depararem com a questão da finitude de si própria e do outro, buscam otimizar seu tempo e visam à qualidade das relações, investindo para viver melhor sua conjugalidade e o tempo que lhes resta.

CAPÍTULO IV

FRAGMENTOS CLÍNICOS E SEUS POSSÍVEIS SIGNIFICADOS

O trabalho de pesquisa que deu origem a este livro procurou proporcionar uma visão diferente sobre as questões da sexualidade no envelhecimento, realizando uma análise que refletisse tanto os elementos comuns encontrados nas falas do grupo quanto as divergências, as intersecções e a singularidade de cada participante na tomada de consciência do processo de envelhecimento e seus desdobramentos na vida sexual.

Nesse estudo, ocorreu uma série de fenômenos semelhantes, e outros divergentes, nos discursos dos participantes e que formou uma "colcha de retalhos". Para auxiliar a compreensão do leitor, buscou-se subdividir essa "colcha" em alguns fragmentos que, em sua totalidade, fizeram sentido e se completaram, como uma orquestra afinada. Em cada vinheta, foi utilizado um nome fictício para a não identificação dos participantes, mas com idade e estado civil reais, por serem aspectos fundamentais para a análise.

Para melhor entendimento, o estudo foi organizado da seguinte maneira:

- Participantes: 12 adultos de ambos os sexos que estavam vivenciando o processo de envelhecimento, com idade entre 55 e 79 anos. Esses participantes estavam inseridos em um grupo de apoio fechado (isto é, não era permitida a entrada de novos membros a partir do início do grupo) que trabalhava questões referentes ao envelhecer. O estudo foi desenvolvido em um hospital-escola da cidade de São Paulo e teve duração de 1 ano. O objetivo principal desse grupo era a promoção da saúde, ou seja, a melhora na qualidade de vida dos indivíduos. O número de participantes variou por razão de faltas e desistências ao longo do ano. Algumas das características importantes dos participantes são descritas na tabela a seguir:

	Homens	Mulheres
Número de participantes	4	8
Casados(as)	2	4
Casados(as) (2 vezes)	2	0
Viúvo(a)	0	1
Solteiro(a)	0	1
Divorciado(a)	0	2
Trabalham fora	2	3
Trabalham em casa	0	2
Aposentados(as)	2	3

- Procedimento: as sessões do grupo de apoio apresentaram alguns temas específicos (relacionamentos familiares, sexualidade e vida profissional, entre outros) ao longo do ano e outros livres (para verificar os conteúdos que emergiam espontaneamente do grupo). Foram desenvolvidas três sessões temáticas, com duração de uma hora e meia cada uma, inseridas no cronograma do ano a partir de um momento específico do processo grupal, no qual os participantes já haviam trabalhado diversos temas e estavam vinculados o suficiente para falar sobre o tema da sexualidade, uma vez que, em geral, os participantes apresentavam maior dificuldade e resistência para se expressar, por esse tema ainda ser um tabu cultural, mesmo nos dias atuais.

Na primeira sessão, abordou-se o tema das primeiras experiências sexuais e dos valores que os participantes tinham na época da juventude, com o objetivo de verificar como foi o processo e a construção desses aspectos e também de captar quais eram os valores envolvidos na atual concepção de sexualidade deles. Para facilitar o desenvolvimento dessa sessão, o grupo foi dividido em três e foram distribuídos como estímulos intermediários três grandes imagens de casais diferentes, mas com características que possibilitassem que os participantes pudessem remeter à época da juventude, favorecendo a expressão da mutação dos valores das décadas de 1960 e 1970, correspondente às figuras em questão (ver Figuras 1 e 2). Logo depois, pediu-se para que cada pequeno grupo criasse uma história sobre a referida imagem, sobre como era o namoro daquele casal, o que gostavam ou não de fazer, o que podiam ou não fazer;

ou seja, discutiam sobre a história e apresentavam ao grande grupo posteriormente. Na segunda etapa, com o grupo aberto para discussão, foram apresentadas imagens de casais contemporâneos (jovens e adultos), introduzindo-se a discussão sobre os valores atuais dos participantes em relação à sexualidade dos jovens e à sua própria (ver Figuras 3, 4 e 5).

Na segunda sessão, foi realizada uma vivência por meio de um psicodrama interno, em que os participantes se imaginaram jovens novamente e, a partir disso, imaginaram como seria a vivência da sexualidade quando tivessem cerca de 60 anos. Para auxiliar esse processo, usou-se a música *When I'm sixty four*, dos Beatles – a música foi tocada em inglês e, concomitantemente, os participantes tiveram em mãos a versão traduzida. Essa sessão teve como objetivo a tomada de consciência das crenças e dos valores do grupo sobre a sexualidade no envelhecimento, além de possibilitar a reflexão a respeito de como eles influenciam na vida sexual atual, nessa nova realidade.

O tema da terceira sessão surgiu da própria necessidade do grupo a partir do que emergiu dos temas trabalhados nas duas sessões temáticas anteriores. Produziu-se, então, um material em uma folha sulfite com oito pequenos quadros que representavam o ciclo vital. Pedimos aos participantes que preenchessem cada quadro com o que lembravam de importante/bom em cada fase, de forma livre. No verso da folha, havia um grande quadro denominado "Os desejos para a próxima década", que eles deveriam preencher. Essa sessão tinha como objetivo verificar o que realizaram de importante ao longo da vida, para, posteriormente, refletirem sobre seus desejos e suas metas para a próxima década.

Inicialmente, realizou-se uma descrição geral sobre o que emergiu no grupo como processo desenvolvimental relacionado ao envelhecimento dos indivíduos e, depois, uma análise a partir da observação de como os indivíduos estão vivendo atualmente (perdas e ganhos) e de qual é a concepção de envelhecimento do grupo quando jovem, para então analisar seus conteúdos. No segundo momento, foram exploradas as perspectivas sobre a sexualidade no envelhecimento.

CONCEPÇÃO DE ENVELHECIMENTO

É importante pensar sobre a concepção de envelhecimento que o grupo tinha na infância e juventude, para entender como essas crenças permeiam ou não a compreensão de como essas pessoas vivem esse processo nos dias atuais. As crenças e os valores dos adultos sobre o desenvolvimento psicológico nessa fase da vida fazem parte de um sistema complexo de conhecimento sobre o ciclo vital e são, por si só, um objeto de estudo de grande importância (González e Desfilis, 1996). Embora essas crenças possam vir a "aprisionar" o sujeito em determinadas atitudes cristalizadas, elas o auxiliam a se organizar diante do ciclo vital, promovendo o investimento em direção às metas evolutivas. Esse fato mostra o grau em que o sujeito se percebe como construtor ativo, isto é, como protagonista de sua vida.

A ideia de envelhecimento tende a ser demarcada na infância e na juventude, por meio de valores transmitidos pela família, entre outras influências possíveis. Em relação à ideia de envelhecimento que tinham na adolescência, os participantes contaram que:

Para mim, velho é quem tinha 40 anos para cima. Achava ridículo uma mulher de 40 com minissaia. (Fátima, 79 anos, viúva)

Eu sempre vivi o momento, nunca na minha juventude imaginei como seria no futuro, quando eu ficasse velho. Vivia apenas o momento, mas quem tinha 50 anos eu já considerava um velho, isso eu me lembro, como se não tivesse mais o direito de fazer as coisas normais... (José, 58 anos, casado pela segunda vez)

Nunca pensei a respeito da minha velhice na juventude, não fazia ideia de como seria ficar velho. Sempre tive medo de ficar doente quando ficasse velho. (Rodrigo, 70 anos, casado)

A partir desses depoimentos, como semelhança, é possível perceber que, na juventude, eles quase não pensavam a respeito da velhice, que ela era vista como uma fase do desenvolvimento muito distante de sua realidade, como ocorre com a maioria da população – a ideia de que velho é sempre o outro (Messy, 1992). A velhice era percebida, pela maioria do grupo, como uma fase "cindida" de sua subjetividade, e não como uma continuidade totalmente dependente de como eles viviam e construíam sua juventude e sua fase adulta.

A ideia do que significava ser velho (em relação ao outro), como pôde ser vista nos depoimentos anteriores, é sinônima, em sua maioria, de aprisionamento e decrepitude, como se a partir de 50 ou 40 anos fosse impossível ter uma vida profissional, sendo quase impensável uma vida sexual. É como se houvesse uma ideia de incapacitação generalizada em todas as áreas da vida, a perda de um lugar de importância. Para eles, envelhecer, por muitas vezes, estava estritamente relacionado a adoecer fisicamente. Segundo a literatura (Messy, 1992; Py, 2006), em todas as fases de vida, existirão perdas e ganhos, porém, quando se chega próximo à velhice, levam-se em consideração apenas as perdas relativas ao envelhecimento. Um dos participantes nos fala:

Sempre admirei os mais velhos pela sabedoria, mas nunca pensei nisso na minha juventude. Até hoje sou ruim de planejamento, não sei o que virá amanhã. (Rogério, 69 anos, casado)

Nesse depoimento, é possível observar alguns aspectos diferentes. Pode-se notar isso na concepção do velho como sábio, isto é, mais próximo de como era visto na Antiguidade, como o "guardião dos conhecimentos" e "detentor de poder". Traz à tona a ideia de que na velhice teria-se o ganho de ter mais sabedoria e mais capacidade de resolver pequenos conflitos do que na juventude, quando eles causavam mais ansiedade.

A noção de envelhecimento durante a infância e a juventude no grupo era variada. Alguns focavam somente as perdas, enquanto outros traziam uma ideia mais próxima da percepção de que há perdas e ganhos em relação ao envelhecimento.

PERDAS E GANHOS

É necessário apresentar o que apareceu no grupo em relação à percepção do que mudou com o envelhecimento próprio, seja para melhor ou para pior, bem como seu modo de lidar com essas modificações, sejam elas relacionadas ao esquema corporal, à cultura, à família ou às mudanças psicológicas.

Um dos temas que converge o confronto do indivíduo com seu próprio envelhecimento refere-se às mudanças (perdas e ganhos), porque elas traduzem um cruzamento entre a concepção que se traz do passado, do que se tem como ideia de envelhecimento, diante do conceito que se deve manter e que já foi estabelecido ao longo do tempo. O sujeito se depara com essas diferentes imagens que construiu durante a vida e essa percepção influencia seus relacionamentos; consequentemente, ele será "vítima" de sua própria concepção. Por isso, as ideias que ele construiu ao longo do tempo demarcarão a forma como ele irá envelhecer também.

Py (2006), que corrobora Messy (1992), faz referência ao envelhecimento como um processo sofrido acompanhado de desamparo desde o dia do nascimento e que se traduz "numa expressão das perdas sucessivas que acompanham a nossa existência" (p. 11), sendo a mais radical delas a perda da vida, a morte.

A partir do processo de envelhecimento e da consequente aproximação da finitude, também é possível que os indivíduos possam produzir mais e viver melhor e mais livremente. A percepção do envelhecimento em uma determinada pessoa pode ser a origem do desenvolvimento da capacidade humana de criar, pensar e, consequentemente, descobrir a vida (Torres, 1999). Pode-se observar um desses exemplos no fragmento a seguir:

Hoje sou muito mais moderna com 80 do que na juventude. Eu era muito medrosa, achava que se beijasse engravidava, ingênua... Fui modificando, ao longo dos anos, a minha cabeça. Com a ajuda do meu marido, fui aprendendo as coisas da vida. Ele teve paciência comigo, eu tinha medo das coisas que envolviam a palavra sexo. Apesar de ter vontade na época, tinha medo. Acho muito legal as pessoas curiosas mais velhas, procurando coisas na internet, sejam pesquisas ou relacionamentos. Sempre fui uma pessoa aberta, extrovertida, e continuo sendo até hoje, por isso não me sinto só, sempre estou procurando preencher meu tempo com coisas interessantes, que me fazem sentido, pode ser ir ao shopping, fazer um curso, conversar com pessoas diferentes. Não sinto solidão por isso, preencho minha vida. (Fátima, 79 anos, viúva)

Nota-se, nesse caso, que Fátima indica uma melhora significativa, a partir da velhice, na forma de pensar sua vida, apresentando, em razão da experiência, uma aceitação melhor de si mesma e das situações em torno dela, lidando bem com seus conflitos e, consequentemente, gerando menos estresse. Ela mostra também, por meio de seu discurso, a ideia de Baltes sobre desenvolvimento ao longo da vida (ideia de que o desenvolvimento do indivíduo é contínuo e ocorre até a morte), pois relata que sempre foi "uma pessoa aberta e continua sendo extrovertida até hoje", fato que explica a aceitação da velhice como uma fase de continuidade e de construção permanente, e não apenas como "um susto ruim" que, de repente, chega para todos, em que ocorrem somente perdas.

É possível perceber que o desejo de vida dessa participante continua ativo. Mostra-se, aos 79 anos, em uma fase potencialmente produtiva. Ao dar valor ao seu passado e às suas experiências vividas, pôde se reconciliar de forma adequada com seus desejos. Foi possível, nesse caso, ressignificar a vida ao inevitável estreitamento de possibilidades e prazos.

Outro depoimento:

> Hoje, gosto de ficar sozinho, quando estou bem com minhas outras relações, com as pessoas que amo. Mas, ao mesmo tempo, estou começando a me preparar para morrer, pois meu corpo já não responde da mesma forma e isso me deixa muito mal, pois vou morrer sozinho mesmo. Mas sinto que não preciso mais tanto dos outros, da aprovação. (Rogério, 69 anos, casado)

Nesse fragmento, a solidão aparece como algo confortante, não assustador, há uma aceitação da diminuição do círculo social e uma valorização da qualidade das relações a partir da velhice. Rogério não quer mais investir na quantidade e em relações que não valem à pena. Mostra não se importar tanto com o que as pessoas em geral pensam. Há um aumento da independência em relação ao que é socialmente aceito, das crenças mais convencionais e estereotipadas. Há, então, uma liberdade maior, que vem como um ganho adquirido na velhice. Ele demonstra querer privilegiar as pessoas com quem tem uma qualidade importante nos vínculos afetivos e dedicar o tempo que lhe resta a elas, ou seja, seleciona melhor o foco e suas metas.

Por outro lado, aparece em sua fala, em concordância com Macedo e Kublikowski (2000), uma dificuldade na adaptação de seu novo esquema corporal, tomando o envelhecimento

FRAGMENTOS CLÍNICOS E SEUS POSSÍVEIS SIGNIFICADOS

como metáfora de morte e uma perda quase melancólica de "um outro corpo". O envelhecimento corporal e sua natural lentificação exigem do indivíduo uma capacidade psíquica para poder viver um estranhamento corporal esperado. Após isso, porém, é necessário, para um envelhecimento com qualidade, poder aceitar e se adaptar ao novo corpo e ritmo. Notar que há um declínio físico mais definitivo e aprender a conviver com várias restrições que se impõem, sejam de capacidade ou de autonomia, ter a percepção da perda da conexão com o ritmo tecnológico do mundo é um desafio para esse homem, que alimentava, de certa forma, uma postura onipotente diante do mundo.

Neste outro depoimento, a questão da solidão já aparece de maneira diferente:

Hoje em dia, me sinto muito sozinha. Gostaria de ter mais pessoas perto de mim, sei que sou seletiva, sempre fui, mas acho que a minha solidão piorou muito com o envelhecimento. Está mais difícil fazer novas relações. Sempre fui tímida e insegura, mas, com o envelhecimento, acho que piorou. Minha solidão é muito grande nos fins de semana, pois não tenho mais família e amigos para sair. Os amigos são velhos ou casados e fica difícil arranjar companhia. (Cecília, 67 anos, solteira)

Nota-se que a solidão, neste caso, é percebida como um aspecto negativo, isto é, uma perda adquirida a partir da fase de velhice. Segundo Cecília, há uma diminuição do círculo social, seja por mortes reais importantes (pais e amigos), seja pela

61

impossibilidade de encontrar pessoas mais frequentemente. Aqui, com o envelhecimento, há um progressivo isolamento e a perda de algumas conexões com o mundo e suas inovações.

É importante ressaltar que essa dificuldade de se vincular (timidez) e construir uma rede social sempre existiu em sua vida, como a própria participante conta. O que acontece, muitas vezes, é que essa dificuldade em se relacionar é escamoteada durante a vida produtiva/ativa (anos adultos) do indivíduo e se torna uma realidade mais difícil, uma vez que o indivíduo interrompe seu trabalho. Neste caso, Cecília justifica que essa característica ficou mais acentuada por ela ser solteira, ou seja, por não ter tido nenhum relacionamento fixo, não teve filhos e, consequentemente, netos que pudessem preencher sua vida de alguma forma e lhe dar um novo papel. A participante ainda não encontrou uma nova possibilidade para sua vida após o trabalho, isto é, ainda não conseguiu enfocar o que quer investir prioritariamente em sua vida, que parece ser o desejo da construção de uma rede social mais satisfatória.

Considerando a perspectiva de Baltes (1991) de que para se ter um envelhecimento bem-sucedido é importante que o indivíduo seja capaz de selecionar metas e investir em questões mais importantes de sua vida, é possível perceber que a participante ainda não foi capaz de realizar esse processo otimizando seus recursos de forma adequada, pois, nesse depoimento, não se observa ainda uma reflexão significativa acerca das perdas que ocorreram, embora já exista uma tomada de consciência e o movimento em busca de transformação, demonstrado pelo fato de ela procurar o grupo de apoio para tentar modificar alguns padrões de sua vida (queixa inicial).

Em outro depoimento, pode-se observar a interface com o depoimento anterior:

> Acho que, com o envelhecimento, eu fui ficando muito seletiva, mas acho que até demais, me fechei muito. Acho que é importante também dar chance para alguma coisa acontecer e também experimentar coisas novas pra se fazer. Acho que estou muito fechada nas minhas ideias, nos meus conceitos... Acho que é a hora de abrir um pouco a cabeça também, sem perder tempo com coisas que sei que não me fazem bem.
> (Cláudia, 58 anos, divorciada)

Nesse fragmento, aparece uma ambiguidade, pois Cláudia relata ter um ganho e uma perda em uma mesma frase. Há um ganho quando ela relata que ficou mais seletiva com o envelhecimento, focando mais onde quer investir seus afetos para não perder tempo em relações ou situações que não interessam. Nesse sentido, corrobora o conceito de Baltes (1991) de otimização seletiva por compensação, que é um processo no qual o indivíduo terá de ser capaz, apesar das limitações e perdas decorrentes do envelhecimento, de selecionar metas mais prioritárias e otimizar seus recursos internos para realizá-las, compensando, assim, as perdas e as dificuldades psicobiológicas. Por outro lado, ela relata que ser seletiva demais a prejudicou um pouco, pois causou um isolamento social, já que ela acabou fechando portas para possibilidades de relações que poderiam ser interessantes, fato que aparece como uma perda.

A compreensão das inevitáveis perdas progressivas que o envelhecimento traz auxilia na aceitação e na adaptação mais serena perante "as portas que se fecham". Em contrapartida, a capacidade de compensar essas perdas aumenta e a participante aprende a extrair mais prazer dos aspectos que estão ao seu alcance. Fica claro que ela está em um momento transicional de seu ciclo vital, onde permanece em processo de mudança. Isto é, há uma reflexão a partir da tomada de consciência de que algumas transformações trouxeram ganhos, outras não. Então, Cláudia percebe que há a necessidade de reequilibrar algumas escolhas de sua vida e esse fato mostra que ela continua em processo de mudança e desenvolvimento.

Em todos os fragmentos, foi possível perceber que, embora alguns ressaltem as perdas como mais significativas e outros enfatizem os ganhos, todos os participantes se veem como alguém em busca de uma transformação constante e de uma qualidade de vida melhor. Todos possuem metas e desejos que gostariam de realizar, mesmo aqueles que estão com sintomas depressivos ou que enfatizam as perdas com a chegada da velhice.

E DEPOIS DE AMANHÃ?

As metas, ou seja, como os participantes se projetam no futuro e seus desejos relacionados são produtos da história de vida de cada membro. Não foi objetivo dessa pesquisa analisar profundamente a história de vida de cada um e é necessário que o leitor esteja ciente desse fato. Os sujeitos que apresentavam maior autoestima mostraram, consequentemente, uma visão mais otimista das possibilidades, enquanto os participantes com tendência a sintomas depressivos vislumbraram mais facilmente a morte como projeção, não conseguindo enxergar as possibilidades que lhes restavam (Kamkhagi, 2007).

FRAGMENTOS CLÍNICOS E SEUS POSSÍVEIS SIGNIFICADOS

A atividade da terceira sessão possibilitou que esses conteúdos, que analisaremos a seguir, emergissem à medida que foi apresentada ao grupo uma folha sulfite com alguns quadros na frente, onde os participantes deveriam preencher por fase de vida aquilo que haviam realizado de bom em cada uma delas. Esse trabalho inicial serviu de aquecimento para a fase posterior da sessão, onde deveriam preencher um grande quadro no verso denominado "Desejos para a próxima década". Os depoimentos a seguir ilustram características semelhantes que apareceram como produto dessa atividade.

Ter condições razoáveis de saúde. Ter uma morte tranquila e rápida para não causar problemas para a família. Ter condições financeiras ao menos razoáveis e ter lazer (o máximo possível). (Sílvio, 64 anos, casado)

Manter a lucidez, calma, para lidar com a vida. Tentar aprender o quanto possível. Cuidar para não deteriorar a saúde. Tentar captar sinais que servirão para a preparação do fim. (Rogério, 69 anos, casado)

Estar em paz com meus familiares, saúde, alegria, peço proteção a Deus e que nos dê muita fé e prosperidade. Peço para ficar curada desta depressão que me deixa preocupada e infeliz. (Gisela, 69 anos, casada)

Nesses depoimentos, há em comum o desejo mais relacionado ao corpo físico e à saúde e por uma morte "tranquila", isto é, que não traga qualquer tipo de peso para os familiares, no

65

sentido de cuidado e trabalho/esforço. Não há mais sonhos, desejos e possibilidades relacionadas à própria vida produtiva e ativa, é quase uma "antessala da morte".

Por outro lado, os próximos fragmentos mostram desejos ainda a serem realizados com o tempo que resta, vislumbrando a velhice como uma fase de possibilidades, desejos e prazeres, não somente uma espera passiva da morte. Deseja-se aproveitar o tempo que resta, selecionando prioridades e atividades que gerem satisfação, prazer e energia vital – o processo de otimização seletiva por compensação (Baltes, 1987). São desejos que estão mais relacionados ao autocuidado, a perceber o que faz bem e que sonhos podem ser resgatados. Nota-se, nesses discursos, uma capacidade importante dos participantes de lidar com as mudanças que ocorreram ao longo dos anos, conseguindo elaborar as perdas que aconteceram e, por meio disso, permitiram construir algo novo em suas vidas ou pelo menos ter o desejo disso, vislumbrando a possibilidade de novos arranjos.

Transmitir o conhecimento a outras gerações (filhos e netos) nessa fase da vida, segundo Kamkhagi (2007), também é um desejo importante, pois, na velhice, são vistas como muito satisfatórias a transmissão de legados (intergeracionalidade) e a importância do lugar da família.

Melhorar cada vez mais meus sintomas de insegurança e partir para os próximos anos com alegria de viver, procurando me entender mais e entender também os outros com bondade. Pagar minhas dívidas que já duram por 10 anos. Ver meus filhos realizados e bem com eles mesmos. Desejo que eles sejam mais seguros do que eu. Poder saber ajudá-los sem magoá-los e criticá-los. Aceitar minhas "rugas" e meu envelhecimento, com a certeza de que a aparência não é tudo. (Nice, 55 anos, casada)

Procurar viver em harmonia com os familiares e amigos e continuar em busca de novas amizades e aguardar o que o destino nos reserva. (Rodrigo, 70 anos, casado)

Realizar meus sonhos. Ser feliz. Descobrir realmente o que me fará feliz. Ter saúde. E continuar me dando bem com a minha família. (Rita, 58 anos, casada)

Acertar na Mega-Sena acumulada em pelo menos 20 milhões. Viajar muito. Trocar de casa. Trocar de carro e formar um grupo musical. (José, 58 anos, casado)

Nunca mais ter depressão nem síndrome do pânico. Voltar para academia. Fazer algo construtivo, como curso de pintura em tela. (Camila, 59 anos, casada)

Ter mais companhia para preencher meus domingos. Viajar bastante. Gastar menos para não ter sentimento de culpa. Envelhecer com maturidade. Encontrar alguém, um amor. Menos ansiedade e tensão. Mais segurança. (Cecília, 67 anos, solteira)

Apenas viver, e viver bem. O que mais posso querer? (Fátima, 79 anos, viúva)

Pode-se, por meio desses fragmentos, notar que a velhice, por muitas vezes, remete a afirmações de luto pessoal, sentimentos de perda, tristeza e morte (Kamkhagi, 2007). Em contrapartida, emergem movimentos de busca, cuidados pessoais e projetos de trabalho, de lazer e de perspectivas amorosas. É importante ressaltar que, apesar de os participantes ainda apresentarem desejos e metas, estes parecem ser muito mais frequentes nos grandes idosos que na população em torno de 55 a 65 anos (adultos), que, devido ao aumento da expectativa de vida no Brasil (IBGE, 2007), têm muito tempo a ser vivido. Esse parece ser um viés compreensível, visto que se trata de um grupo terapêutico procurado por pessoas que expressam baixa qualidade de vida, às vezes até em contextos depressivos. Essa projeção para o futuro e sua qualidade dependerão diretamente do que o sujeito construiu ao longo de sua vida, das crenças e dos valores que alimentou e daqueles que foi capaz de desconstruir. Os depoimentos anteriores enfatizam e corroboram a concepção de que os participantes do grupo encontram-se em um momento de reflexão e busca por mudanças (projetos), mesmo que alguns apresentem aspectos depressivos decorrentes das perdas que ocorreram com a tomada de consciência do envelhecimento.

Com o envelhecimento, apesar dos sintomas depressivos, dos sentimentos de isolamento e das ideias irrealizáveis ou mais realizáveis a partir da reavaliação de vida, a questão central é que há, entre os participantes, uma seleção de prioridades. Os indivíduos que, possivelmente ajudados pelo trabalho de grupo psicoterapêutico, conseguem tomar consciência das perdas e saber que elas devem ser compensadas são capazes de se mobilizar e, assim, realizar uma seleção de metas prioritárias, tendo em vista que há um real estreitamento de prazos, focando mais os objetivos principais de vida.

VALORES TRANSMITIDOS PELA FAMÍLIA SOBRE A SEXUALIDADE: ALGUMAS DIFERENÇAS DE GÊNERO

Tem-se como pressuposto que o idoso de hoje foi a criança, o adolescente e o adulto de ontem. Por isso, é de extrema importância compreender quais foram os valores transmitidos a ele, principalmente na infância e na juventude, pois essas crenças fatalmente contribuíram para a forma como ele vê o mundo hoje (Murano, 2007). As pessoas passam por transformações desde a concepção até a morte. Essas transformações fazem parte do desenvolvimento em todos os sentidos, inclusive na vivência sexual, em constantemente construção, mas sofrem considerável intervenção dos valores transmitidos pela família na qual estão inseridas.

Foram separados depoimentos de mulheres e de homens nesse quesito, à medida que apresentaram características diferentes em relação ao gênero.

Naquela época, eu era mais alegre; por outro lado, era mais triste. Não era permitido nada na minha casa, nada podia, não podia namorar, tudo era pecado em casa. Tinha que fazer tudo escondido. Meus pais eram muito rígidos, não me deixavam namorar de jeito nenhum, até uns 30 anos isso. Depois de nove cinemas era que um cara pegava na minha mão naquela época. Na minha juventude, tinha muito medo dos homens, os achava ameaçadores. Sempre tive medo dos meus pais e de desobedecê-los, apesar de ter vontade de fazer coisas escondidas... Já minhas amigas eram diferentes de mim, mentiam, eram mais avançadas. (Cecília, 67 anos, solteira)

Me lembro de muitas coisas boas da minha infância e juventude. Eu ficava na praça namorando escondido, era ótimo, mas não podia falar nada para os meus pais. Meu pai era um português muito rígido, queria ficar me apresentando só filhos de portugueses, mas eu não queria e minha mãe também não, pois me dizia que eram muito machistas. Nada era permitido nessa época, não podia sair, só ficava no portão... A gente só ficava no portão e, quando saía, era para comprar algo, mas sempre tinha hora para voltar, o tempo era escasso... Se atrasava, apanhava na certa. Eu era atrasada, retrógrada, tinha muito medo de o meu pai dar algum escândalo; por isso, dificilmente mentia. (Fátima, 79 anos, viúva)

Na época de ginásio, era tudo muito bom. Meus pais eram muito rigorosos, não podia fazer nada. Meu pai era muito bravo, não podia namorar. Quando eu conheci meu marido, já tinha 25 anos, então ele não pôde falar tanta coisa. Mas, antes disso, o jeito era namorar escondido mesmo. Eu não me achava reprimida na época, mas sim obediente. Já minha irmã era diferente, mentia, se arriscava, eu não... Não tinha coragem para isso. Naquele tempo, era tudo muito mais difícil, tudo proibido! Se fosse hoje, com certeza não seria assim... Foram mudando meus valores. Quando eu casei, tinha pavor de relação sexual. Pensava: Quantos centímetros tem esse negócio? Vai me perfurar? Será que vai me machucar? Como isso vai entrar em mim? Eu era pequena e magrinha, morria de medo! Achava perigoso. Apesar de eu ter estudo, naquela época, não se falava nada a respeito de sexo, então minha fantasia a respeito crescia... Eu era muito "atrasada". O que me permitiu mudar foi a relação com o meu marido, por meio da confiança, da intimidade, o jeito dele. Foi tudo muito legal e natural, depois foi a descoberta do sexo durante o casamento. (Gisela, 69 anos, casada)

Nos três depoimentos, fica evidente a repetição do tema daquilo que era permitido ou não para uma mulher naquela época, ou seja, dos valores atrelados à ideia de uma mulher "honesta". Em todas as descrições, os pais eram bastante rigorosos em relação ao que se podia fazer e não se falava sobre sexo – fato que certamente colaborava para ampliar as fantasias em torno desse tema durante a infância e a juventude, tanto que as três participantes só puderam desmistificar e aprender a realidade sobre a sexualidade com o passar dos anos, já na vida adulta, por meio de relações afetivas duradouras, duas delas por meio da intimidade com os próprios maridos, resultados que vão ao encontro da pesquisa de Araújo (1999). Nesse caso, a visão afetiva-sexual dessas mulheres delineia-se, em grande parte, em conformidade com o que a família transmitiu como valor do que é ser mulher e ao que cabe a elas, isto é, o que uma menina/moça deve ou não fazer.

Nos depoimentos, tem-se uma amostra de como foram passados os valores pautados nos estereótipos sociais construídos ao longo da história: que a mulher deve ser submissa, recata, não demonstrar nenhum interesse sexual, ser frágil, dócil e reservada (Macedo, 2007). Esses valores sexuais são evidentes e repetitivos, o que nos faz refletir sobre como elas viveram e os atualizaram ou não. Esse é o objeto de estudo deste trabalho e será discutido mais adiante.

Em relação aos homens, a transmissão de valores é bem diferente:

> Sempre fui visto na minha família, desde pequeno, como "o reprodutor", que tinha que procriar a todo custo. Então, a questão da sexualidade na minha juventude e infância sempre foi muito estimulada lá em casa, nem um pouco reprimida. A gente era meio largadão mesmo... Eu tinha que ter filhos, essa era a ideia passada. Por isso, sempre foi normal, não era nada proibido. Por outro lado, naquela época, eu era bagunceiro, não queria nada de compromisso sério com ninguém, queria sair e curtir. Até pensava em ter uma família, mas só quando desse. Tinha que ter filhos logo e pronto, depois era para esquecer essa história de sexo. Foi o valor passado pelos meus pais. Mas eu via exemplos que me mostravam o contrário, como um vizinho meu de 90 anos, que tinha uma namorada. Então aquilo me deixava mais animado, não criei essa ideia na minha cabeça. (Sílvio, 64 anos, casado pela segunda vez)

> Foi muito boa essa época, pois não tinha responsabilidade alguma, não tinha conta nenhuma para pagar, não trabalhava... A vida era só estudar e pensar em namorar, beijar, paquerar, sair! Que delícia... Ia muito a bailes, formaturas, tinha muita diversão. Comecei a namorar com 13 anos, eu era muito livre.

Levava a namorada para minha casa, eu tinha liberdade dentro de casa. Rolou de tudo com essa menina. Meus pais trabalhavam muito e não tinham nem tempo de proibir nada, a gente ficava meio solto mesmo, na rua e tal. E para todo mundo a gente falava que era amigo somente, para ninguém ficar enchendo, e, com esse rótulo, a gente tinha "livre trânsito" um na casa do outro. (José, 58 anos, casado pela segunda vez)

Na minha casa, era muito livre, na minha juventude, a questão da sexualidade, era muito estimulada até, mas, ao mesmo tempo, não era falado nada a respeito, era um tabu, falavam que os filhos vinham da cegonha, pode? Tive meu primeiro relacionamento sexual aos 16 anos e com uns 20 anos já queria casar, constituir família. Não casei com a mulher por quem eu era apaixonado, mas a minha esposa também era muito legal. (Rodrigo, 70 anos, casado)

Aprendi, quando era jovem, tudo na rua, estudava em colégio de padre. Tocava saxofone nessa época, era um sonhador, queria ser um monte de coisas. Tinha uma zona na minha rua. Era livre não por filosofia, mas porque era meio abandonado mesmo. Mulher só tive na zona até me casar. Não tive nenhuma namorada na juventude, era muito tímido, e na zona não precisava conversar. Minha mulher foi minha primeira e única namorada. (Rogério, 69 anos, casado)

Nos depoimentos masculinos, é possível observar uma transmissão de valores, assim como um tipo de educação radicalmente diferente do das mulheres. Enquanto para as mulheres quase tudo era proibido por conta da educação rígida à qual eram submetidas, em que o sexo era visto como pecado ou algo ruim, os homens desse grupo foram educados da forma prescrita para o modelo masculino da época, de "macho" em relação à sexualidade, não conscientemente, por filosofia, mas por falta de cuidado. Como disse um dos participantes, "a gente era criado meio solto mesmo, largado...", apesar de o sexo não ser um assunto falado entre a família. Os homens, de maneira implícita, eram estimulados a ter relações sexuais, pois acreditava-se que isso legitimava a masculinidade. Os pais não controlavam os homens em relação ao sexo, bem como a nenhum tipo de assunto, na verdade. Quanto ao homem, esperase que ele seja forte, decidido, que tenha iniciativa, que seja racional e que "saiba se virar" sem precisar muito dos pais; assim não precisavam ser assistidos de nenhuma maneira (Macedo, 2007).

Essa visão dos participantes pode ser explicada, em grande parte, pela concepção de gênero como tradução de sistemas culturais, que foram construídos ao longo da história da humanidade, como visto no Capítulo III – Sexualidade: contextos e desenvolvimentos. É como se homens e mulheres vivessem em mundos distintos, de modo que meninos e meninas são educados de maneiras completamente diferentes e separadas, seja na forma de se portar, de agir, de se comunicar, de desejar, bem como na forma de lidar com a sexualidade.

Essa dicotomia está bem representada nos depoimentos dos participantes da pesquisa. Podem-se notar claramente as características ditas femininas e masculinas e o que cabia a cada um deles na infância e na juventude, com papéis bem delimitados pelos pais e cuidadores. Por isso, ao se tratar da sexualidade, não se devem, de forma alguma, ignorar as concepções de gênero construídas na cultura e veiculadas pela família e pela sociedade, pois será a partir delas que o indivíduo atualizará ou não seu quadro de crenças, por meio da experiência sexual concreta na vida adulta e posteriormente na velhice, agregando-se ao rompimento de valores quanto à vida sexual nos anos 1970.

O que se evidencia nessa categoria de análise é a grande diferença entre a socialização de mulheres e homens, em que as mulheres eram obrigadas a não fazer determinadas coisas (educação mais rígida que a dos homens em todos os sentidos), além de serem proibidas de expressar claramente seus desejos no âmbito sexual, ainda que os sentissem. Já para os homens quase tudo era permitido, pois eram educados sem muitas regras, eram livres não por escolha, mas "porque os pais os deixavam soltos mesmo" (como eles relatam nos depoimentos). E foi nesse contexto de educação que eles viveram as transformações dos valores sexuais ocorridas nas décadas de 1960 e 1970.

Para tentar captar os valores que os participantes haviam internalizado, utilizaram-se cinco figuras diferentes (ver Figuras 1 a 5), com objetivo de que emergissem, por meio da projeção, conteúdos referentes a crenças e valores que foram construídos e se atualizando. As figuras, bem como as fotografias, mais atuais como diferentes consignas, tentaram simbolizar e abarcar alguns períodos referentes à infância e à adolescência dos participantes (anos de 1950 e anos 1960).

FIGURA 1. Anos 1950.
Fonte: http://commons.wikimedia.org.

Sobre essa figura, o grupo trouxe algumas frases interessantes para a compreensão dos valores que identificavam na época.

É um casamento de fachada, daqueles bem arranjados. Por isso, vão ter problemas, com certeza, pois ela é mais leve e ele muito durão. Porém, será um casamento daqueles que "vai funcionar", vão ter três filhos e parecer felizes para os outros. Ela fica esperando que ele mude... (Cláudia, 59 anos, divorciada)

Eles se conheceram numa festa. Ela é mais solta e ele mais rígido, mas são companheiros, apesar de não ter amor na relação. (Rogério, 69 anos, casado)

Nesses comentários sobre a Figura 1, que faz referência a um casal nos anos 1950 (Figura 1), é possível perceber a noção de casamento associada a um "negócio para a vida toda". Essa ideia está em concordância com o que K. B. Hackstaff (1999) indica em sua pesquisa, que mostra a concepção de casamento relacionada a uma certeza absoluta: a durabilidade eterna. O que se pode apreender a partir desses dois primeiros fragmentos é a grande diferença entre homens e mulheres. Eles, nessa figura, delimitam um casamento chamado tradicional, com complementariedade e divisão clara dos papéis ditos masculinos e femininos. É importante ressaltar que os valores referentes ao amor-paixão, ou seja, o amor atrelado à satisfação conjugal, não aparecem nesses depoimentos. Já os valores como companheirismo e durabilidade foram os que mais ficaram claros, retratando bem a figura e a época à qual ela corresponde (anos 1950).

Os casamentos eram realizados por amor-paixão, mas essa união era entre dois desiguais permeados por valores muito rígidos da época em questão. O cônjuge normalmente amava o amor em si, e não ao outro, pois geralmente não o conhecia a ponto de amá-lo; o que realmente importava era o projeto de idealização do outro; era essa a noção de amor-paixão nos anos 1950 (Giddens, 1993). Casar-se e ter filhos era a única possibilidade de projeto de vida, tanto para os homens quanto para as mulheres.

Os participantes retrataram bem o conceito casamento entre desiguais da época, e o último depoimento assinala que, à medida que a pessoa toma consciência desse tipo de casamento, ela pode refletir sobre esse antigo modelo e ter a possibilidade de se transformar e reavaliar/atualizar seu relacionamento atual, mesmo tendo vivido esse tipo de relacionamento desigual. O fragmento a seguir é um dos exemplos dessa desconstrução de valores e da possibilidade de atualização de conceitos e ideias referentes ao casamento:

> É um casal equilibrado. Ela não vai pensar muito a respeito do casamento, não terá grandes crises existenciais ao longo da vida, só na velhice. E se eu tivesse casado com outro? E se tivesse ficado solteira? Fui feliz esse tempo todo? Coisas deste tipo... (Rogério, 69 anos, casado)

FIGURA 2. Anos 1960.
Fonte: http://commons.wikimedia.org.

Em relação aos anos 1960, tem-se:

> É uma cerimônia civil e, depois, uma comemoração simples. É um casal feliz que está apaixonado, bem anos 60. Eles eram bem mais avançados, podiam fazer de tudo, transavam livremente, eram bem liberais. (José, 58 anos, casado pela segunda vez)

> Ela não usou a pílula, pois ainda não existia na época. Eles terão três filhos. Eles tinham um apartamento onde transavam escondidos. Pai e mãe não foram no casamento, pois eram contra a gravidez, não estavam de acordo, mas eles estavam felizes e apaixonados. (Fátima, 79 anos, viúva)

Nessas frases, observa-se um retrato de época em que a virgindade deixa de ser um valor fundamental e a pílula anticoncepcional aparece nas descrições: é a ruptura com os valores de virgindade em relação à mulher. Pode-se observar que a ideia de engravidar antes do casamento, embora seja vista como negativa, já não é considerada tão transgressiva como anteriormente, ou seja, já não compromete a possibilidade da mulher não casta se casar. Nessa direção, porém, o casamento ainda surge como uma "salvação", como norma do que se espera de um homem: quando uma mulher engravida, deve-se casar com ela.

Em outro fragmento, também já começa a aparecer a possibilidade de que "vão se separar"(sic). No entanto, essa perda da durabilidade à qual se referem os participantes parece ser muito mais uma punição social, por terem feito uma transgressão, que uma reflexão acerca da satisfação conjugal. Por outro lado, a sexualidade começa a ser um valor que permeia a relação e, portanto, torna-se fator que colabora para a desestabilização do casamento. Isso só foi possível por meio da revolução sexual no Brasil, pois foi a partir dela que temas como gravidez, sexo antes do casamento, paixão, desejo e sexualidade puderam ser revistos e aceitos de alguma forma. Nessa época, segundo Mary Del Priore (2005), houve transformações políticas, econômicas e sociais muito importantes, como mostra o Capítulo III – Sexualidade: contextos e desenvolvimentos, e essas modificações também foram sentidas no campo da intimidade.

A aceitação do desejo, bem como do sexo antes do casamento, começa a ser expandida, principalmente por meio da criação dos métodos contraceptivos sintéticos, que, de alguma maneira, favoreceu a libertação sexual. Os indivíduos mostram a realidade da época, ou seja, tomam consciência dos valores que permeiam suas vida e de como são afetados por eles. Os sujeitos que se casaram em um quadro de valores mutáveis, mesmo que tenham se casado com valores anteriores, tiveram de se atualizar de algum modo, seja por vontade própria, de forma natural, seja por uma crise que os obrigou a isso.

No depoimento a seguir, é possível visualizar os valores em mutação, pois já aparece a aceitação da gravidez antes do casamento como possibilidade, bem como surge a questão da separação:

> É um casamento mais avançadinho, ela já está grávida, faziam de tudo... É na década de 1960. Tinham um tipo de lugar que transavam sempre. Que saudade dessa época! Era muito

boa. Mas é um casamento que não irá durar para sempre, vai ser um tempo e só. Quando enjoarem um do outro, irão se separar. (José, 58 anos, casado pela segunda vez)

Apesar de esse depoimento indicar alguns avanços em termos de aceitação do sexo antes do casamento, bem como a ideia de se buscar a satisfação sexual/conjugal, ainda demonstra alguns valores arcaicos ou normas implícitas. Novamente, surge a questão da durabilidade, não em um tom de liberdade e tranquilidade, mas em um tom de punição, questionando até que ponto a consequência da transgressão (prazer) não significa a perda da durabilidade do casamento. Isso parece ser o grande conflito da geração que viveu a juventude nos anos 1950, 1960 e 1970, porque, apesar de terem vivido na época do surgimento/experiência do divórcio, este não é encarado por eles como um evento previsível que visa à satisfação conjugal ou à qualidade da relação, mas é visto ainda como um fracasso individual/punição. E essa crença permeia a vida deles até hoje, pois permanecem com a ideia de desejarem a qualidade da relação, mas, ao mesmo tempo, também não querem abrir mão da durabilidade do casamento.

Acho que os casamentos não duram mais tanto hoje em dia, virou comum essa coisa de separar na primeira dificuldade. Quando a pessoa se frustra, separa e pronto. As pessoas não suportam mais passar por coisas desagradáveis como antigamente. (Cláudia, 59 anos, divorciada)

FIGURA 3. Jovens casando.
Fonte: http://www.sxc.hu.

Os casamentos hoje em dia estão superficiais, os jovens não sabem o que vão passar, não se preparam para isso. Não é só a festa, é muito mais que isso. (Cláudia, 59 anos, divorciada)

Na maioria dos depoimentos, percebe-se certo rechaço em relação a essa nova perspectiva da relação, em que a duração já não é importante, trazendo à tona a concepção de que as pessoas pararam de dar importância a determinados valores (duração, tolerância, respeito, entre outros). Todavia, essa análise é parcial. Traz a ideia de que há uma superficialidade em relação aos casamentos realizados pelos mais jovens. Existe a crítica de que os casais jovens, apesar da liberdade sexual que desfrutam, não têm maturidade emocional para lidar com situações conflitantes, isto é, com as dificuldades do cotidiano e com o modo de ser do oütro. Os participantes relatam que a tendência é terminar o casamento na primeira dificuldade.

Por outro lado, o fragmento abaixo aponta que é a convivência que, às vezes, torna o casamento insuportável, fator que aparece quando eles analisam os próprios relacionamentos. Por isso, creem que nos casamentos atuais existe uma vantagem, já que ambos são muito ocupados. Trazem também o tema da individualidade de maneira implícita, como fator fundamental para dar suporte à qualidade do relacionamento.

É um casamento que vai dar certo, porque eles se veem pouco, os dois trabalham bastante, chegam em casa e não têm tempo para discutir, estão cansados e vão dormir. Antigamente era insuportável, a gente tinha que se aguentar quase o dia todo. (Fátima, 79 anos, viúva)

A despeito de haver, no grupo I, duas mulheres divorciadas e três homens que não só se divorciaram como se casaram novamente, com essas experiências de separação e rompimento, a ideia da durabilidade é um fator importante. Por esses depoimentos, é possível entender que a concepção de casamento ainda está voltada para os valores de duração e tolerância e que, nesse sentido, o rompimento significa um fracasso individual, e não uma possibilidade de busca de satisfação conjugal, dos valores que, segundo Hackstaff (1999), caracterizam a cultura do divórcio, no sentido de que casamento é uma possibilidade, e não uma obrigação, na qual o conceito de satisfação conjugal é fundamental.

A verdade é que existe um conflito contínuo para os participantes, pois eles não pensam como os jovens que estão se casando agora (no sentido de uma aceitação do divórcio como possibilidade de satisfação pessoal, e não relacionado a um fracasso individual) e nem estão satisfeitos com os relacionamentos em que estão envolvidos no momento. Os participantes que se casaram nos anos 1950 e 1960 mantêm como valor internalizado a durabilidade, que entra em conflito com sua insatisfação conjugal. Por isso, há também uma tendência do grupo em manter o modelo de relação antigo, criticando os modelos atuais de relacionamento e mantendo-se, então, em uma posição mais conhecida, porém não menos conflituosa.

Nos excertos a seguir, há um questionamento constante acerca da vida conjugal/casamento como uma experiência satisfatória. Para a maioria dos participantes, a vida conjugal está diretamente associada à amargura e a um consequente "aprisionamento".

FIGURA 4. "Casados há 40 anos."
Fonte: http://www.morguefile.com.

Os participantes trazem a ideia de que é difícil ter uma relação satisfatória e duradoura. Parece que o casamento é algo que piora a vida das pessoas e gera acomodação e que, por isso, torna-se sufocante e infeliz com o tempo. As pessoas sentem-se "presas" e deixam de fazer atividades que gostavam anteriormente. O casamento, para os participantes do grupo, está relacionado diretamente à rotina, ao fracasso, à prisão (esse traço mais acentuado nas mulheres, que, ainda hoje, reclamam se "dar e entregar" muito mais ao casamento do que os homens). Observam-se esses aspectos nas opiniões a seguir:

> Passa menos emoção, parece um casal hipócrita, que chega numa festa e posa, mas que no fundo, é infeliz, não se gosta. (José, 58 anos, casado pela segunda vez)

Eu acho uma delícia ver um casal junto assim, coisa que eu nunca tive no meu casamento, gostaria de ter esse carinho, compreensão... Tomara que um dia encontre, mas às vezes acho que isso não existe, que tudo parece um fingimento até conseguirem o que querem: sexo. (Rita, 58 anos, casada)

Acho que o casamento, em geral e no meu caso, me fez mal, no sentido que me podei muito, deixei de fazer coisas que gostava, e as obrigações foram ficando cada vez maiores e fui me esquecendo, só cuidei dos outros e deixei minha vida de lado. Hoje não quero mais só cuidar de marido e filhos, preciso me redescobrir. (Nice, 55 anos, casada)

É possível observar que o casamento, para os participantes, não é visto nem como uma alternativa ou solução para a solidão que se referiram no item das perdas em relação ao envelhecimento. Isso faz refletir sobre o fato de que nem os aspectos relacionados ao companheirismo, à presença, conseguem ser vistos como fatores positivos do casamento, que volta a indicar a existência de relações insatisfatórias e de indivíduos que não conseguiram atualizar seu relacionamento conjugal, tendo, obrigatoriamente, convivido com a mudança de valores em relação à qualidade da relação e à presença da satisfação conjugal como um elemento de conexão. Novamente, remete-se ao estudo de Norgren (2002), para quem o casamento pode durar de maneira satisfatória se o casal for capaz de atualizar e "co-construir" o relacionamento de forma constante. Particularmente, no caso dos participantes, isso não foi possível, pois as convenções e normas sociais tiveram um peso muito grande.

O DESEJO ENVELHECE?

Para essa figura, foi dada a consigna de que era um relacionamento livre, que apenas "ficavam", para se verificar a existência de uma conjugalidade estabelecida e avaliar a possibilidade de se ter um relacionamento em que a base sexual fosse importante, ou seja, um relacionamento mais contemporâneo, mas por pessoas que, como eles (participantes do grupo), fossem mais velhas também. A figura em questão coloca em evidência o limite do valor.

Alguns dos comentários dos participantes foram:

> É uma coisa mais solta, gostosa, sem obrigação, pra sair, conversar e só se divertir... É ótimo. (Cláudia, 58 anos, divorciada)

FIGURA 5. "Os ficantes."
Fonte: http://www.sxc.hu.

Acho maravilhoso poder ter alguém do lado para compartilhar as coisas, para ver um filme, para discordar. Eu acho o máximo. Quando se enchem um do outro, cada um vai para sua casa. (José, 58 anos, casado pela segunda vez)

Acho possível se encontrar assim, de vez em quando, só para sair, se divertir, fazer de tudo, para transar, se amassar. Os dois parecem felizes. Se dão bem em todos os departamentos... de cima a baixo. (Rogério, 69 anos, casado)

Esses ficam? Com essa idade? Duvido... (Cecília, 67 anos, solteira)

É possível perceber a existência do desejo por uma relação mais livre, e isso implica não estar preso a obrigações e convenções. Há uma tomada de consciência de que a realidade conjugal pouco resolvida está muito relacionada às convenções e normas, que foram identificadas como muito opressoras e aprisionantes.

Por meio dos depoimentos, observa-se que a ideia de falta de compromisso ou compromisso não tão sério está associada à satisfação, quando só acontecem e compartilham coisas boas. O relacionamento amoroso torna-se, então, um objeto idealizado.

No estudo de Norgren (2002) sobre os casamentos de longa duração, o tédio e a repetição são fatores que tanto os casais insatisfeitos quanto os satisfeitos colocam como um dos aspectos mais fundamentais para se evitar, como uma demanda para a duração do relacionamento. Nesse sentido, os participantes mostram que há uma vicissitude do cotidiano conjugal que parece ser o grande fator de insatisfação. Uma relação mais livre torna-se o objeto idealizado, como se não fosse possível ter uma relação livre e satisfatória dentro de um casamento. A despeito disso, o trabalho de Norgren (2002) indica que é possível a satisfação nos casamentos de longa duração quando o casal consegue construir a relação conjuntamente, respeitando o espaço de cada um, isto é, buscando um equilíbrio entre individualidade e conjugalidade, compartilhando interesses comuns, mantendo um bom relacionamento afetivo-sexual, atualizando valores e crenças pessoais e tentando evitar o tédio e a repetição.

Em consonância com os resultados de Norgren (2002), os participantes parecem valorizar, no sentido da satisfação, uma espécie de imprevisibilidade, em que não há um cotidiano dito como fator "massacrante" de um relacionamento (como relatam ter no casamento deles próprios). É como se os envolvidos na relação entrassem em contato somente com as coisas boas de cada um e, quando começassem a se irritar ou conflitar, cada um pudesse ir para a sua respectiva casa.

Um relacionamento mais sério como o casamento, na perspectiva do grupo, traz aprisionamento e infelicidade, na maioria dos casos. Assim, os participantes mostram que, quando não é permeado pelo valor do casamento, o descompromisso não é um problema; por isso, o desejo que demonstram por uma relação mais livre e satisfatória é tão conflitante, pois ainda não conseguem se desprender da cultura do casamento (Hackstaff, 1999), que não é satisfatória, conforme os depoimentos.

É importante considerar o quanto os participantes são permissivos e como atribuem um valor idealizado à relação do "ficar", associada ao descompromisso e aos jovens. Eles relacionam o "ficar" como uma possibilidade agradável (não negativa) também para adultos e idosos, assim como uma saída para evitar o tédio no relacionamento. É possível pensar que os participantes não conseguiram atualizar os valores em suas próprias conjugalidades, como visto nas diferenças associadas às figuras 4 e 5 e esse conflito que emerge no descompasso de suas relações diárias.

O MASCULINO E O FEMININO NOS RELACIONAMENTOS

Até hoje, em nosso cotidiano, podemos perceber a presença dos papéis estereotipados transmitidos desde a Antiguidade. O entendimento e a percepção de como esses papéis foram transmitidos e de que maneira estão internalizados no sujeito, são fundamentais para a compreensão da vida sexual dos participantes desse trabalho, no contexto de uma política de gênero. Segundo Macedo (2007), a sociedade coloca, e sempre enfatizou, na verdade, alguns papéis fundamentais para a mulher: esposa, mãe, dona de casa, cuidadora (filhos e marido), romântica e que se entrega mais (muitas vezes submissa) em um relacionamento que o homem. Ao mesmo tempo, valorizou diferentemente as atividades masculinas e femininas, e é bastante difícil livrar-se desses estereótipos, ainda mais quem vive a velhice hoje, tendo em vista que cresceu e se desenvolveu em uma época em que não era tão comum a mulher em um ambiente de trabalho, e não lhe restavam muitas possibilidades além dos papéis citados acima. Em alguns depoimentos, pode-se observar a presença dos papéis estereotipados:

Acho normal, não tem mais aquela obrigação chata do casamento para a mulher: lavar, passar, cuidar do outro... Acho ótimo ficar nesta idade. (Fátima, 79 anos, viúva)

Ele é o provedor e ela cuida das coisas dele e dos filhos. É um casamento que vai funcionar, digamos assim. Um casamento sem romantismo, morno, por isso vai durar bastante, cada um vai ter seus papéis determinados e vão se acomodar. (Cláudia, 58 anos, divorciada)

Acho que até hoje em dia é assim, as mulheres se entregam muito mais no relacionamento, são muito mais românticas e por isso sofrem mais também. (Marina, 62 anos, divorciada)

Existem representações sociais diferentes, segundo Paschoal (2006). A representação social do homem deve ser no âmbito público, ou seja, com um trabalho, uma atividade externa. Ele é o provedor econômico, o líder familiar, tem mais domínio e poder e impõe mais o ritmo das coisas, ou seja, tem uma posição mais ativa no ambiente familiar. Já a mulher é do meio privado, pois tem os afazeres domésticos, exerce o papel de mãe, de avó, de cuidadora, esposa, ou seja, a rainha do lar, mas com certa submissão (Paschoal, 2006). Outros exemplos de depoimentos em que se verifica a presença dessa influência dos papéis estereotipados (anos 1950, 1960 e 1970) são:

Ela está feliz, apesar de tudo, do arranjo... Ele está casando obrigado pela família. Mas ele vai ser um ótimo provedor. (Marina, 62 anos, divorciada)

Acho que eles se dão bem na cama e ele vai ser um ótimo pai, provedor e distante, mas será um ótimo avô. Não tem amor e paixão nesse casamento. (Cláudia, 59 anos, divorciada)

Situações que fogem desse padrão de papéis já conhecidos são entendidas, muitas vezes, pelos participantes do grupo não como uma nova possibilidade, mas como uma questão que está fora do padrão, isto é, errada, embora esse cenário já esteja sendo encarado com mais naturalidade pelas novas gerações. Contudo, quando os participantes se referem ao seu próprio relacionamento conjugal (onde viveram ou ainda vivem casamentos ditos tradicionais) ou à ideia a respeito dos papéis masculinos e femininos dentro de uma relação, eles relembram uma perspectiva bastante rígida e que impossibilita ir além dos papéis prescritos e conseguir atualizar, nas suas próprias experiências, as expectativas de satisfação. A instituição do casamento continua sendo percebida como um modelo que traz alguns dos valores de satisfação, mas, na verdade, como algo não atingido por nenhum deles, que parecem ter desenvolvido casamentos com rígidas separações de valores, em que, para as mulheres, a relação é um conjunto de tarefas associadas ao cuidado, e para os homens, a responsabilidade de ser o provedor financeiro (Macedo, 2007).

A maioria do grupo mostra que, em relação à vivência da sexualidade e suas diferenças de gênero, há o desejo pelo sexo genital (no caso dos homens) ou por um relacionamento amoroso (homens e mulheres). Os depoimentos das mulheres nesse sentido são:

Hoje, me sinto muito fria. O meu marido tem 70 anos, acho que ele já deveria estar mais "calmo" em relação a sexo, mas não, continua me desejando, mas eu não tenho mais vontade. Gosto quando ele me faz um carinho ou passa a mão em mim de forma mais íntima, mas do ato sexual em si, não tenho um pingo de saudade, não sinto mais necessidade. Não sei se é por conta do meu problema emocional (depressão leve), pode ser, mas nunca fui fogosa, desde a juventude. De forma geral, vivemos bem, somos companheiros, fazemos tudo juntos, nos ajudamos e, para mim, isso é tudo que posso querer. (Gisela, 69 anos, casada)

Não me imagino ficando com ninguém, mas gostaria sim de ter alguém para conversar, pra sair. Mas um namoro, algo mais conservador, parecido comigo. Fico com vontade de ter alguém quando vejo os casais felizes, queria um companheiro... Não só para sexo, aliás, nem sei se quero sexo. Faz tempo que isso não acontece na minha vida. Queria também ter mais amigos, acho que hoje as pessoas são mais fechadas, são casadas ou são velhas, é mais difícil fazer amizades depois que envelheci. Adoro sair e viajar, mas queria ter com quem. (Cecília, 67 anos, solteira)

Eu sou viúva, não tenho ninguém agora, mas não quero mais ter aquele trabalho, cuidar de doença, tirar o velho do sol, colocar o velho no sol... Estou fora! Não quero problemas agora. Sempre fui tranquila com relação a sexo, meu marido tinha que me implorar. Dou graças a Deus que não preciso mais fazer sexo; para mim, era uma obrigação. Nunca fui fogosa, nem ligava, sempre tive outros desejos e interesses: limpar, passar, cuidar de filho, costurar, passear. Nunca me preocupei com sexo, nunca gostei. E hoje, continuo assim, prefiro ir ao meu curso de pintura, porcelana, vir aqui, fazer compras na Rua 25 de março, ver vitrine e ir ao supermercado, é do que gosto mesmo. (Fátima, 79 anos, viúva)

A maneira de se lidar com os desejos e a sexualidade entre homens e mulheres é bastante diversa e parece que, com o envelhecimento, essas divergências se tornam mais evidentes. Como se percebe nos depoimentos das mulheres, a necessidade de ter relações sexuais, muitas vezes, é sublimada por meio de outras atividades cotidianas que geram prazer, como ir ao shopping, fazer pintura, conversar com amigas, entre outras coisas. Outra possibilidade que relatam é o sentimento de alívio por não precisarem a todo custo manter mais uma atividade sexual constante. Sentem-se mais livres na velhice para ter a atitude de dizer "não" e dar um fim a uma relação de submissão. A falta de prazer e de desejo normalmente já as acompanhava desde a juventude, mas permanecia "camuflada" de alguma forma (Paschoal, 2006). Não ter mais uma obrigação gera um sentimento de libertação, como se verificou em um dos depoimentos.

Outro fator importante que podemos notar é a valorização de um namoro, no sentido de buscar cuidado, companheirismo e de ter com quem "contar". Essa característica também apareceu com frequência nos depoimentos dos homens do grupo:

Eu acho que vivo hoje um reflexo daquilo que vivi na época da minha juventude. Eu exercitava muito a liberdade naquela época e sempre fui assim. Acho que as pessoas têm que ser livres, isso sempre foi importante para mim. Apesar de ter impotência sexual, me considero livre e tenho uma relação muito aberta e bacana com minha mulher. Conversamos muito a respeito das possibilidades e dificuldades sexuais que temos. E acho que vivo com ela a sexualidade de outra forma: conversando, sendo companheiro, um abraço, um beijo, uma palavra. Acho que a compreensão é muito importante, eu e ela consideramos muito isso. (José, 58 anos, casado pela segunda vez)

Hoje vivo com a minha mulher como dois amigos, abraço e beijo, mas o sexo em si, infelizmente, não tem mais, porque ela não quer; por mim, gostaria muito de ter, mas não adianta, mudou muito nosso casamento. Ela só quer saber dos netos. Queria muito ter uma relação de carinho, de companheirismo, acho que isso é magnífico, mas não tenho mais, acabou. Hoje, só converso um pouco e olhe lá, bem superficialmente, nos desentendemos há tempos. Queria ter somente compreensão e carinho, já estaria muito satisfeito. Eu não encontro mais receptividade. (Rodrigo, 70 anos, casado)

Hoje em dia eu quero muito a minha mulher, mas ela não. É um problema isso. Sei que o Viagra está aí, mas não adianta, o chamado do término da vida está por aí também, me pressionando. Por mim, queria ter relações todos os dias, namorar, transar, pena que ela não quer mais. Mas não importa, para mim, mesmo assim, ela é muito importante, gosto de estar com ela, conversar, contar as coisas... (Rogério, 69 anos, casado)

Estou no segundo casamento, que foi diferente, pois não tinha mais a obrigação de ter filhos como no primeiro. Achava que eu ia morrer beijando e trepando... E só tinha esta expectativa. Nesses 20 anos, meu casamento veio mudando muito, para pior. Acho que devem existir mais de 700 motivos, mas de forma nenhuma penso que é a idade avançando. Acho que é o desgaste, a rotina, problemas sexuais, sei lá, mas não o envelhecimento. (Sílvio, 64 anos, casado pela segunda vez)

Nos depoimentos dos homens do grupo, fica evidente a diferença em relação às mulheres. Surge o desejo por uma vida sexual ativa, mas que é impossibilitada ora pela negação das esposas ou dificuldades no relacionamento, ora pela disfunção erétil. A partir dos estudos de R. Aleotti (2004), é possível verificar que, para o homem, há uma valorização do físico, da potência e do ato sexual. A disfunção erétil é uma questão que gera intensa preocupação para eles, pois conseguir manter uma ereção, normalmente, significa a afirmação da masculinidade. As medicações que melhoram o desempenho sexual masculino nem sempre são bem vistas pelas mulheres, já que, para elas, não é interessante, uma vez que não sentem desejo (às vezes nunca sentiram), e a velhice se torna a oportunidade que esperaram a vida toda para não ter mais obrigações no campo sexual.

O que homens e mulheres têm em comum em seus depoimentos é o desejo de manter uma relação amorosa, em que possam "namorar", no sentido de ter um companheirismo, cuidado, dividir responsabilidades, ter carinho e compreensão. Todos colocaram esses componentes como importantes para manter a qualidade de vida na velhice, embora eles mesmos não tenham sido capazes de atualizar seus relacionamentos. O mesmo ocorreu com alguns dos participantes do estudo de Norgren (2002), a qual identificou que casais satisfeitos vivem sua conjugalidade no eixo presente-futuro, ao passo que os insatisfeitos vivem no eixo presente-passado, como é o caso dos participantes deste estudo.

A imersão nesses valores mais tradicionais masculinos e femininos faz as mulheres realmente "perderem" o interesse pela relação sexual (genital), embora continuem desejando atividades que são muito mais individualizadas (ir ao shopping, fazer pintura, conversar com amigas, sair para dançar, etc.), enquanto os homens permanecem mais voltados à vida sexual, por ter um significado ainda muito forte de potência em todos os sentidos (Aleotti, 2004).

É importante ressaltar que a vida sexual para os participantes está ligada ao casamento e que o relacionamento que eles vivem ou viveram não foi suficiente para atualizar os valores de satisfação sexual e conjugal que aspiram individualmente, e não como uma construção diádica. Eles não se permitem pensar na sexualidade fora do casamento, ao mesmo tempo em que, nele, a mulher é a responsável pela monitoria da vida cotidiana, ao passo que ao homem cabe o provimento (Hackstaff, 1999). É possível pensar que os participantes não

FRAGMENTOS CLÍNICOS E SEUS POSSÍVEIS SIGNIFICADOS

conseguiram atualizar um novo modelo satisfatório de relação, porque, quando se referem à própria experiência, tomam consciência do pesar e da insatisfação em que a conjugalidade se encontra, e a tomada de consciência desse panorama gera enorme conflito, ainda não resolvido.

Embora seja possível refletir que, em relação ao próprio envelhecimento, boa parte das soluções que os participantes indicaram é progressiva, em que conseguiram atualizar a concepção de velhice e foram capazes de definir metas, isso ainda parece ser um percurso muito mais individual acerca do próprio envelhecimento que um caminho interpessoal na realidade da conjugalidade.

ALGUMAS CONSIDERAÇÕES

Este trabalho foi realizado com 12 indivíduos que participavam de um grupo de apoio terapêutico focado nas questões do envelhecimento e com os quais se organizaram três sessões sobre os temas da sexualidade e do envelhecimento. Nesses encontros, tentou-se captar como a experiência sexual atual foi influenciada pelas crenças e pelos valores transmitidos ao longo da vida.

Esse estudo remeteu a aspectos importantes no que se refere a essa temática, para a compreensão dos processos que ocorrem na atualidade. Foi possível identificar diferentes posições em relação ao envelhecimento: como a maioria da população, os indivíduos não consideravam a própria velhice quando na infância e na juventude, valorizando mais os aspectos positivos da juventude e menos os aspectos das perdas (negativo), remontando à ideia de Beauvoir (1990) de que velho é sempre o outro.

Em relação ao próprio envelhecimento, foi possível identificar, na maioria das vezes, soluções chamadas de progressivas, uma vez que os participantes apresentavam consciência corporal adequada e sabiam da importância da seleção de metas, entre outras. Embora tenham sido identificadas soluções regressivas, elas eram relativas às perdas específicas ou a posições mais depressivas – o que é compreensível quando se considera o objetivo dos indivíduos que buscam um grupo de apoio terapêutico. No entanto, foi possível pensar que houve uma ressignificação do envelhecimento e da velhice a partir da própria experiência, quer pelo percurso individual, quer pelo efeito terapêutico da convivência de grupo.

No caso desses participantes, a preocupação com o corpo e com a atratividade não emerge como questão fundamental, nem para os homens (em si e em relação a parceiras da mesma faixa etária) nem para as mulheres, ou seja, a questão do físico (a mudança do corpo) não se mostra como um fator que aumenta ou diminui o interesse sexual de ambos.

Os indivíduos envolvidos nessa pesquisa identificaram os valores sob os quais foram educados, como na década de 1950, quando havia uma divisão rígida de papéis masculinos e femininos e quando o critério de duração do casamento era prioritário. Eles também identificaram que algo a partir dos anos 1960 mudou de forma brusca em relação à sexualidade das pessoas, pois vivenciaram de perto o processo de busca pela liberdade sexual (décadas de 1960 e 1970). Isto é, todos estavam presentes durante a ocorrência dessas transformações, alguns até participaram ativamente dessas mudanças e outros não. O que eles tinham em comum, na verdade, era a tomada de consciência de que havia a necessidade de transformar e fazer algo com tudo aquilo que viram, viveram e experienciaram.

Alguns dos participantes têm consciência do conflito que vivem atualmente e, diante desse panorama, buscam a transformação, por mais difícil que seja esse processo, ao passo que outros ficam estagnados e enrijecem a esse respeito. Ainda assim, é interessante pensar que todos, bem ou mal, escolheram um caminho a ser percorrido. Nesse sentido, trata-se menos de uma questão do viés em relação à consciência do envelhecimento que eles têm e mais do percurso que construíram em relação à sexualidade no casamento ou fora dele – apesar de isso não ser muito permitido no caso desse grupo, principalmente para as mulheres.

Quanto à vivência sexual, a mesma atualização de valores vista na questão da mudança corporal associada ao envelhecimento torna-se menos visível ou viável. Os membros desse grupo, que passaram sua juventude no momento histórico em que se estabeleceu uma cisão entre os valores de sexualidade (sobretudo no que se refere às mulheres e à liberação sexual), indicam uma expectativa de satisfação conjugal, mas, ao mesmo tempo, apresentam dificuldades em dar conta do desejo, que aparece nas falas dos participantes como importante para a manutenção de uma vida saudável. Ao mesmo tempo, mostram que não estão dispostos, muitas vezes, a abrir mão de algo para realizá-lo. Esse fato gera conflito, mas eles se mantêm na estagnação da situação conhecida, mesmo não sendo satisfatória. Há, então, uma cristalização de expectativas e de papéis estereotipados.

O que se pôde analisar após esse período de trabalho com o grupo é que, de fato, um conflito importante não resolvido emerge, pois a duração deixa de ser critério para avaliar uma relação e, ao mesmo tempo, o critério de satisfação conjugal começa a surgir. Todavia, o ponto central é que é difícil deixar de lado (de forma tranquila) o significado de "sucesso" de um relacionamento/casamento associado à durabilidade. A verdade é que a sociedade em geral, assim como os participantes, quer tudo que está relacionado aos valores da chamada "cultura do divórcio" (satisfação, individualidade, liberdade, etc.), como aponta Hackstaff (1999), mas não quer abrir mão daqueles valores que caracterizam a chamada cultura do casamento (durabilidade, fidelidade, presença, etc.), surgindo, de pronto, um impasse.

Quanto à vida sexual, mesmo para aqueles participantes que se divorciaram e se casaram novamente, esta sempre se refere ao casamento, para o qual convergem domínios bastante separados entre masculino e feminino, o que conduz a um conflito entre o desejo de um casamento com intimidade, no qual se encontra satisfação afetiva e sexual, e uma realidade vivida, na qual há mais perdas que qualidade, indicando uma conjugalidade insatisfatória, em que não foi possível atualizar os valores e a própria relação ao longo dos anos. A pesquisa de Norgren (2002) indica que os casais satisfeitos com sua conjugalidade parecem ser funcionais quando conseguem manter fortes vínculos emocionais com seu parceiro e, concomitantemente, mudam a estrutura de poder, os papéis e as regras de seu relacionamento ao longo da vida por conta de situações de crise, além de conseguirem desenvolver padrões de comunicação adequados – o que não parece ocorrer na vida conjugal dos participantes deste estudo.

Foi possível analisar que há certa desqualificação da vida sexual entre as mulheres, tanto nas do nosso grupo quanto nas esposas dos participantes. O desejo de vida com qualidade para as mulheres parece se direcionar para outras ações e atividades mais individuais, como ir ao shopping, viajar, conversar com amigas, cuidar de netos, etc., ao mesmo tempo em que permanece o desejo de uma relação satisfatória, mas que se torna muito idealizada e, portanto, difícil de ser alcançada. Nesse sentido, pareceram ter mais facilidade em trabalhar a imagem física e o estranhamento do novo corpo que em rever o relacionamento que implica o outro, a alteridade. Para os homens, o que fica evidente é a perda do objeto idealizado, que é o pênis. Apesar de os homens do grupo também não mencionarem uma vida sexual ativa, seja pela restrição física ou pela falta de desejo das parceiras atuais, continuam desejando outras metas, como relacionamento amoroso, trabalho, desenvolvimento de habilidades, etc.

É importante para quem atende essa população questionar seu próprio quadro de valores, pois acreditamos que a vida sexual ativa é questão fundamental para a qualidade de vida, mas isso não foi o que emergiu neste trabalho. Pelo contrário, apareceram atividades e ações que podem ser tão gratificantes e satisfatórias quanto a vida sexual, segundo os participantes.

Quando este estudo foi iniciado, questionou-se: "O desejo envelhece?". Ao se analisar a fala dos participantes durante a pesquisa, chegou-se à conclusão de que o desejo, concebido como permanecer em processo definindo metas e objetivos, não envelhece, mas também ficou evidente que todos os participantes têm mais facilidade em trabalhar com o "eu que com o nós".

O desejo no sentido sexual converge para o casamento e algumas pessoas não conseguem atingi-lo, não porque não o queiram nem porque envelheceram, mas porque o casamento sexualmente satisfatório não é só uma questão de escolha certa do parceiro quando se é adulto jovem, mas produto de uma construção conjunta, contínua e conflituosa ao longo da vida adulta. O "ficar" é idealizado e desejado porque alude ao descompromisso social e à escolha interpessoal, indicando como o casamento remete a uma instituição social a se conformar, e não a um espaço vivo de convivência e em movimento.

O que os participantes não atingem não guarda relação com o próprio envelhecimento, mas é o desafio social da atualidade: um relacionamento amoroso que equilibre conjugalidade e individualidade. Para consegui-las, é necessário ir além das pré-concepções e praticar a construção conjunta de realidade no cotidiano, pois, como afirmam Berger e Kellner (1964 apud Hackstaff, 1999), o casamento é "um ato dramático no qual dois estranhos se juntam e se redefinem", e isso é trabalho a dois.

REFERÊNCIAS BIBLIOGRÁFICAS

1. Abdo CHN et al. Perfil sexual da população brasileira: resultados do Estudo do Comportamento Sexual (ECOS) do brasileiro. Rev Bras Med 2002; 59(4):250-67.
2. Aleotti R. Disfunção erétil e sua teia de significados. [Tese de Doutorado]. São Paulo: Pontifícia Universidade Católica, 2004.
3. Araújo MF. Casamento e sexualidade – a revisão dos mitos na perspectiva de gênero. [Tese de Doutorado]. São Paulo: Universidade de São Paulo, 1999.
4. Ariès P. O amor no casamento. In: Ariès e Bejin. Sexualidades ocidentais. São Paulo: Brasiliense, 1985.
5. Baltes PB, Reese HW, Lipsitt LP. Life-span developmental psychology. In: Rosenzweig MR, Porter LM (orgs.). Ann Rev Psych 1980; 31:65-110.
6. Baltes PB. Theoretical propositions of life-span developmental psychology: on the dynamics between growth and decline. Develop Psych 1987; 23:611-96.

7. Baltes PB. The many faces of human ageing: toward a psychological culture of old age. Psych Med 1991; 21:837-54.

8. Barbieri NA. Trabalho com velhos – Algumas reflexões iniciais. Rev Pulsional de Psicanálise 2003; XVI(173):18-24.

9. Bardin L. Análise de conteúdo. Lisboa: Edições 70, 1997.

10. Beauvoir S. A velhice. Rio de Janeiro: Nova Fronteira, 1990.

11. Bee H, Mitchell SK. A pessoa em desenvolvimento. São Paulo: Harper & Row, 1984.

12. Bento J, Gonçalves MC, Prizmic P. Sexualidade: autoconhecimento e qualidade de vida. São Paulo: Alaúde, 2007.

13. Bruns MAT, Almeida MG. O êxtase de tempo vivido: um estudo da sexualidade feminina na "terceira idade". Rev Bras Sexual Humana 1994; 5(1).

14. Cairoli CED. Deficiência androgênica no envelhecimento masculino. Rev Amrigs 2004; 48(4):291-9.

15. Caridade A. Sexualidade e envelhecimento. Revista Kairós 2005; 8(2):263-75.

16. Carter B, Mcgoldrick M (orgs.). As mudanças no ciclo de vida familiar – Uma estrutura para a terapia familiar. Porto Alegre: Artes Médicas, 1995.

17. Conselho Federal de Psicologia. Jornal Federal de Psicologia. Brasília, maio/2007.

18. Ciornai S. Da contracultura à menopausa: vivências e mitos da passagem. São Paulo: Oficina de Textos, 1999.

19. Debert G. A antropologia e o estudo dos grupos e das categorias de idade. In: Barros M, Moraes L (orgs.). Velhice ou terceira idade? Estudos antropológicos sobre identidade, memória e política. Rio de Janeiro: Fundação Getulio Vargas, 1998.

20. Denzin NK, Lincoln YS. Entering the field of qualitative research. In: Handbook of qualitative research. United States: Sage Publications, 1994.

21. Famema. Liga de Geriatria e Gerontologia. Disponível em: www.famema.br/ligas/socigg/. Acessado em: 10/9/2007.

22. Féres-Carneiro T. Aliança e sexualidade no casamento e recasamento contemporâneo. Psicologia: teoria e pesquisa 1987; 3(3):250-61.

23. Feriancic MM. Envelhecimento e sexualidade. Rev Kairós 2003; 6(2):133-46.

24. Fleury HJ. Sexualidade: menopausa e andropausa. Rev Bras Psicodrama 2004; 12(2).

25. Flandrin JL. A vida sexual dos casais na antiga sociedade: da doutrina da Igreja à realidade dos comportamentos. In: Ariès P, Foucault M (orgs.). Sexualidades ocidentais. Lisboa: Contexto, 1983.

26. Giddens A. A transformação da intimidade: sexualidade, amor e erotismo nas sociedades modernas. São Paulo: Unesp, 1993.

27. González JJZ, Desfilis ES. Creencias sobre la madurez psicológica y desarrollo adulto. Anales de Psicologia, Universidad de Valencia 1996; 12(1):41-60,

28. González F. La Investigación cualitativa en psicología: rumbos y desafios. São Paulo: Educ 1999.

29. Guareschi N et al. As relações raciais na construção das identidades. Psicologia em Estudo 2002; 7(2).

30. Guba GE, Lincoln YS. Competing paradigms in qualitative research. In: Denzin NK, Lincoln YS. Handbook of qualitative research. United States: Sage Publications, 1994.

31. Gullette MM. Midlife discourse in the twentieth-century United States: an essay on the sexuality, ideology, and politics of "middle-ageism". Chicago: University of Chicago Press, 1998.
32. Hackstaff KB. Marriage in a culture of divorce. Filadélfia: Temple, University Press, 1999.
33. Hamilton IS. Psicologia do envelhecimento. Porto Alegre: Artmed, 2002.
34. Hime FA. A biografia feminina e a história das relações amorosas. O vôo da fênix. [Tese de Doutorado]. São Paulo: Pontifícia Universidade Católica, 2004.
35. Horn JL, Hofer SM. Major abilities and development in the adult. In: Sternberg RJ, Bergs CA (orgs.). Intellectual development. Cambridge: Cambridge University Press, 1992.
36. IBGE. Anuário Estatístico do Brasil 2006. Rio de Janeiro: IBGE, 2007.
37. Jacobson CM. A construção da sexualidade na família e seus contextos. In: Horta ANM, Feijó MR. Sexualidade na família. São Paulo: Expressão e Arte Editora, 2007.
38. Kamkhagi D. O envelhecimento como metáfora de morte: a clínica do envelhecer. [Tese de Doutorado]. São Paulo: Pontifícia Universidade Católica, 2007.
39. King BM. Human sexuality today. Englewood Cliffs: Prentice-Hall, 1996.
40. Krueger HJ. Personality development across the adult life pan: subjective conceptions vs. cross-sectional contrasts. J Gerontol: Psychological Sciences 1993; 48(3):100-8.
41. Kublikowski I. A meia-idade feminina e seus significados: o olhar da complexidade. [Tese de doutorado]. São Paulo: Pontifícia Universidade Católica, 2004.

42. Laumann EO, Paik A, Rosen RC. Sexual dysfunction in the United States. J Am Med Assoc, 1999; 281:537-44.

43. Lorenzi DRS, Saciloto B. Frequência da atividade sexual em mulheres menopausadas. Rev Assoc Med Bras 2006; 52(4).

44. Macedo RMS. Sexualidade e gênero. In: Horta ANM, Feijó, MR. Sexualidade na família. São Paulo: Expressão e Arte Editora, 2007.

45. Macedo RMS, Kublikowski I. O sonho da eterna juventude: percepção do envelhecimento de uma perspectiva de gênero. Psic Rev São Paulo 2000; (10):11-22.

46. Maciel Jr. PA. E agora José? Uma contribuição para o entendimento da concepção masculina de intimidade no relacionamento conjugal. [Dissertação de Mestrado] São Paulo: Pontifícia Universidade Católica, 1999.

47. Mcfarland, C, Ross M, Giltrow M. Biased recollections in older adults: the role of implicit theories of aging. J Personal Social Psych 1992; 62(5):837-50.

48. Meirelles V. Feminino superlativo: mulher, família e carreira. [Dissertação de Mestrado] São Paulo: Pontifícia Universidade Católica, 2001.

49. Messy J. A pessoa idosa não existe. São Paulo: Aleph, 1992.

50. Minuchin S. Famílias: funcionamento e tratamento. Porto Alegre: Artes Médicas, 1990.

51. Moen P, Wethington E. Midlife development in a life course context. In: Willis L, Reid JD (orgs.). Life in the middle: psychological and social development in middle age. San Diego, Academic Press, 1999.

52. Murano MD. Envelhecimento, sexualidade e contemporaneidade. In: Horta ANM, Feijó MR. Sexualidade na família. São Paulo: Expressão e Arte Editora, 2007.

53. Norgren MBP. Para o que der e vier: estudo sobre os casamentos de longa duração. [Dissertação de Mestrado]. São Paulo: Pontifícia Universidade Católica, 2002.

54. Norgren MBP, Souza RM. Relações conjugais. [Texto não publicado para uso acadêmico]. São Paulo: Pontifícia Universidade Católica, 2004.

55. Papalia DE. Desenvolvimento humano. Porto Alegre: Artmed, 2006.

56. Paschoal SMP. Envelhecimento na perspectiva de gênero. In: Côrte B, Mercadante EF, Arcuri IG. (orgs.). Masculinidades e velhice: entre um bom e mau envelhecer. São Paulo: Vetor, 2006.

57. Penteado SRL et al. Sexualidade no climatério e na senilidade. Rev Ginecol Obst 2000; 1:188-92.

58. Pellegrini Jr., O. Alterações na sexualidade da mulher no climatério. Rev Bras Sexual Humana 1999; 10(1).

59. Pitelli JB. Sexualidade no climatério: influências psicológicas e socioculturais. Rev Bras Sexual Humana 1997; 8(2).

60. Priore MD. A história do amor no Brasil. São Paulo: Contexto, 2005.

61. Py L. De estrelas e brilhos infinitos. A terceira idade. São Paulo: Sesc-SP, 2006.

62. Py L. Envelhecimento e subjetividade. In: Py L et al. (orgs.). Tempo de envelhecer. Rio de Janeiro: Nau, 2004.

63. Risman A. Sexualidade e terceira idade: uma visão histórico-cultural. In: Textos envelhecimento. Rio de Janeiro: Unati/UERJ, 2005.

64. Rodrigo MJ. Etapas, domínios, contextos y teorías implícitas en el conocimiento social. In: Rodrigo MJ (ed.). Contexto y desarrollo social. Madrid: Síntesis, 1994.

65. Rodríguez JA. Envejecimiento y família. Madrid: Siglo XXI, 1994.

66. Sayão R. Envelhecimento invisível. Folha de S. Paulo 2007; 12.

67. Silva IR, Gunther IA. Papéis sociais e envelhecimento em uma perspectiva de curso de vida. Psicologia: Teoria e Pesquisa 2000; 16(1):31-40.

68. Souza RM, Ramires VRR. Amor, casamento, família e divórcio... e depois, segundo as crianças. São Paulo: Summus, 2006.

69. Stewart AJ, Ostrove JM. Women's personality in middle age: gender, history, and midcourse correction. Am Psych 1998; 53:1185-94.

70. Strey M et al. Gênero. In: Jacques M et al. (orgs.). Psicologia social contemporânea. Petrópolis: Vozes, 1998.

71. Strey M. Velhice e casamento, vivência e visões. Estudos interdisciplinares sobre o envelhecimento. Porto Alegre: Universidade Federal do Rio Grande do Sul 1999; 2:23-34.

72. Torres WC. Morte e desenvolvimento humano. In: Py L (org.). Finitude: uma proposta para reflexão prática em gerontologia. Rio de Janeiro: Nau, 1999.

73. Vainfas R. Casamento, amor e desejo no ocidente cristão. São Paulo: Ática, 1992.

74. Vasconcelos NA. Comportamentos sexuais alternativos do jovem e do velho. A Terceira Idade 1994; 5(8):47-50.

75. Weg RB. Sensuality/sexuality of the middle years. In: Hunter S, Sundel M (orgs.). Midlife myths. Newbury Park: Sanford, 1989.